ARKANA

Buch

Unser Leben und die ganze Schöpfung sind durchdrungen von einer inneren Ordnung, die bestimmten Gesetzmäßigkeiten gehorcht. Diese Geistigen Gesetze haben ihren eigenen Rhythmus, in den wir alle eingebettet sind. Unser gesamtes Leben vollzieht sich in Rhythmen; auch Raum und Zeit unterliegen ihnen. Nur die Kenntnis dieser ewigen Gesetze versetzt uns in die Lage, sie sinnvoll für unser Leben zu nutzen.

Seit Jahrzehnten hat sich der bekannte Therapeut und spirituelle Lehrer Kurt Tepperwein mit diesen Schicksalsgesetzen befaßt, über die berühmte Meister und Philosophen der verschiedensten Kulturen geschrieben haben. Aufbauend auf einem Schatz wertvollen tradierten Wissens, hat er dieses »Lesebuch« verfaßt, das uns helfen soll, uns mehr und mehr als untrennbaren Teil des Ganzen zu fühlen. Die geistigen Gesetze helfen uns dabei: Sie weisen auf eine Gerechtigkeit jenseits von Konvention und Moral hin und zeigen einen kosmischen Plan auf, der neue, ungeahnte Möglichkeiten zur Lösung unserer Probleme bietet.

Autor

Kurt Tepperwein, 1932 geboren, wandelte sich vom Unternehmer und Unternehmensberater zum Heilpraktiker. Seit 1983 ist er Dozent an der *Akademie für geistige Wissenschaften*. Die Anwendung der von ihm geschaffenen Technik des Mental-Trainings ist heute für viele Menschen unverzichtbarer Bestandteil des Lebens. Neben zahlreichen Büchern sind mehr als 60 Video- und Tonbandkassetten und Seminarmitschnitte von ihm erschienen.

Von Kurt Tepperwein sind beim Goldmann Verlag außerdem lieferbar:

Geistheilung durch sich selbst (11738)

Kraftquelle Mentaltraining (12141)

KURT TEPPERWEIN

DIE GEISTIGEN GESETZE

Erkennen, verstehen, integrieren

Originalausgabe

ARKANA

GOLDMANN

Umwelthinweis:
Alle bedruckten Materialien
dieses Taschenbuches sind chlorfrei
und umweltschonend.

Der Goldmann Verlag
ist ein Unternehmen der Verlagsgruppe Bertelsmann

Originalausgabe 1992

Umschlaggestaltung: Design Team München
Satz: IBV Satz- und Datentechnik GmbH, Berlin
Druck: Elsnerdruck, Berlin
Verlagsnummer: 12160
Lektorat: Brigitte Leierseder-Riebe
WL · Herstellung: Ludwig Weidenbeck/han
Made in Germany
ISBN 3-442-12160-4

11 13 15 17 18 16 14 12

Inhalt

Vorwort

Unser Leben ist wie die ganze Schöpfung durchdrungen von einer inneren Ordnung. Diese Ordnung gehorcht den *Geistigen Gesetzen*. Diese Geistigen Gesetze haben einen eigenen Rhythmus, und wir alle sind eingebettet in diesen Rhythmus der Schöpfung.

Unser ganzes Leben vollzieht sich in Rhythmen: einatmen und ausatmen, wachen und schlafen, aktiv sein und ruhen. Eines ist ohne das andere nicht möglich, es gehört zusammen, ist ein Ganzes, ist der Inhalt unseres Lebens. Lachen und weinen, gesund sein und krank sein, geben und nehmen, zuhören und reden, arbeiten und entspannen, alles vollzieht sich in diesem ewigen Wechsel.

Auch Raum und Zeit unterliegen diesem Rhythmus mit dem Wechsel von Tag und Nacht, Sommer und Winter, Saat und Ernte, Ebbe und Flut. Alles hat seine Zeit. Würde der Bauer zur falschen Zeit säen, er könnte nichts ernten. Es ist also wichtig, diese ewigen Gesetze zu kennen, um ihren Rhythmus sinnvoll zu nutzen.

Seit ewigen Zeiten haben Meister aus allen Kulturen uns etwas über diese Gesetze hinterlassen. Es ist an der Zeit, dieses Erbe anzutreten, es zu sichten und zu ordnen und unser

Leben damit zu bereichern. Sobald ich diese Gesetze kenne, dienen sie mir, helfen mir, das Richtige zur rechten Zeit zu tun und ein erfülltes Leben zu leben.

Darum ist dies auch kein Lesebuch, sondern ein »Lebebuch«, das zur Ganzheit helfen möchte.

Wenn man glücklich ist, soll man nicht noch glücklicher sein wollen.

Theodor Fontane

Unsere Fehler bleiben uns immer treu, unsere guten Eigenschaften machen alle Augenblicke kleine Seitensprünge.

Marie von Ebner-Eschenbach

Das Spiel des Lebens

Die meisten Menschen betrachten das Leben als einen Kampf; aber es ist kein Kampf, sondern ein Spiel. Es ist jedoch ein Spiel, das ohne Kenntnisse der Geistigen Gesetze nicht erfolgreich gespielt werden kann.

Das Leben ist ein Spiel, das mir zur Freude erdacht und gespielt wird, vom einem allumfassenden Bewußtsein.

Ich bin seit dem Anfang aller Zeit. Meine Geburt ist nur der Beginn eines neuen Spielabschnittes im ewigen Spiel des Lebens. Das Leben lädt mich ein, mit der ganzen Schöpfung zu spielen, in der ich lebe, die mich mitbestimmt und die ich mitbestimme.

Bei diesem Spiel kann ich mich als einen untrennbaren Teil des Ganzen erkennen. Ich kann mich aber auch als »Ich« erleben, getrennt vom Ganzen. Dann erlebe ich mich als »Ego«, kann mich im Ganzen spiegeln, mein wahres Sein ent-decken und als Teil des Ganzen wiedererkennen. Was sich aber in mir spiegelt, sich entdeckt und wiedererkennt, ist mein Bewußtsein, mein Wahres Selbst. Ich kann es auf jeden beliebigen Punkt konzentrieren, oder ich kann es erweitern, es allumfassend werden lassen. Ich kann es absinken lassen oder in höchste Höhen erheben: Ich bin der Schöpfer.

Alles, was ist, die ganze Schöpfung, ist eine Offenbarung des Einen, der zum »Spiel des Lebens« in die Materie gegangen ist. Evolution ist das Wiedererkennen des Einen in der Vielfalt. Das »Spiel des Lebens« bedeutet Werden in jedem Augenblick des Seins. Tief im Innersten weiß ich, ich bin das Eine, das Ganze, das alles enthält, aus dem alles kommt und in das alles eingeht am Ende der Zeit. Ich bin der Anfang und das Ziel und spiele dieses Spiel, um das Abenteuer des Lebens zu erleben. Alles Leben ist das Spiel des Einen mit sich selbst.

Ich bin freiwillig durch das »Tor der Geburt« in die Zeit dieser Welt eingetreten, um am Spiel des Lebens teilzunehmen. Dieses Spiel findet mir zur Freude statt, um mir die Möglichkeit zu geben, die Vollkommenheit meines wahren Seins zu erleben – zu werden, der ich bin und immer war. Das Spiel gibt mir nur Gelegenheit, mich zu erinnern.

Ich kann keine Kraft dieser Welt in mein Bewußtsein aufnehmen, ohne gleichzeitig mein Bewußtsein um diese Kraft zu erweitern und so immer vollkommener zu werden, bis ich wieder ganz ich selbst geworden bin. Am Anfang des Spiels erlebe ich mich als Ego, dem alles gegenübersteht, was nicht »Ich« ist. Dieses Ego äußert sich als Eigenform, als Eigenwille und Eigenbedürfnis. Sobald die scheinbare Trennung vom Ganzen von mir aufgehoben wird, erwache ich wieder zum Bewußtsein meiner Selbst.

Was ist Leben?

Leben ist das allumfassende Bewußtsein, das alles Sein durchdringt und erfüllt. Daher lebt alles, was ist, und alles hat Bewußtsein. Leben ist das Wirken der einen Kraft, die wir Gott nennen.

Leben ist fließende, wirksame Energie. Wird ein Aspekt dieser Energie nicht zugelassen, entsteht ein Stau: auf der einen Seite Druck, auf der anderen Seite ein Mangel.

Lass' ich beispielsweise den Aspekt »Durchsetzungsvermögen« nicht zu, so wird sich der Mangel vielleicht darin ausdrücken, daß ich bei einer Beförderung übergangen werde, daß ich eine Stellung nicht bekomme oder ein anderes Ziel nicht erreiche. Auf der körperlichen Ebene kann Mangel als Muskelschwäche oder Zahnfleischschwund oder Haarausfall erscheinen.

Auf der anderen Seite erscheint der Druck als »Notwendigkeit« in den Lebensumständen, mich einer unerfreulichen Aussprache zu stellen, einem Gerichtsverfahren oder ähnlichem und damit gleichzeitig als Chance, den Aspekt »Durchsetzungsvermögen« zu entwickeln, die Aufgabe zu lösen und wieder frei zu sein.

Geschieht das nicht, beginnt der Kreislauf von vorn, indem ich durch Vermeiden der unerfreulichen Aussprache Nachteile erlebe. Oder aber ich verliere in dem Gerichtsverfahren, weil ich mich nicht genügend eingesetzt habe. Dann erlebe ich verstärkt den Mangel und gerate unter immer größeren Druck. Bis irgendwann der Druck unerträglich wird, der Mangel nicht mehr auszuhalten ist – und ich endlich handele.

Die Schöpfung will mich damit nicht »ärgern«, sondern zwingt mich schmerzhaft zur Entwicklung, wenn ich sie irgendwo blockiere.

Was ist *ein* Leben?

Ein Leben ist die Lebensdauer eines Körpers, den ich bewohne, ein kleiner Ausschnitt aus meinem ewigen Sein. Ein Schultag in der Schule des Lebens. Am Ende eines solchen Lebens löse ich mich, mein Bewußtsein, aus dem Körper und kehre zurück nach Hause, um meine Erfahrungen zu verarbeiten, meine »Hausaufgaben« zu machen und mich bereit zu machen, für neue Erfahrungen – für ein »neues« Leben in einem neuen Körper ...

Was ist der Sinn des Lebens?

Der allgemeine Sinn des Lebens ist es, die Vollkommenheit meines Wahren Selbst immer vollkommener zum Ausdruck zu bringen.

Wirklich Selbst-bewußt zu leben, die Fülle des Lebens durch mich geschehen zu lassen und so wirklich den Augenblick zu erfüllen.

Der allgemeine Sinn des Lebens ist Evolution, das heißt Ent-Wicklung, damit Ent-Faltung möglich wird, die zur Erfüllung führt.

Der einzige Sinn des Lebens ist es, Erfahrungen zu machen, aus denen Erkenntnisse werden – das einzige, was ich aus einem Leben mitnehme. Denn ich bin nackt gekommen und werde nackt gehen.

Alles, was ich hier habe, ist eine Leihgabe des Lebens an mich, die ich früher oder später, spätestens am Ende dieses Lebens zurückgeben muß.

Leben heißt also lernen. Keiner von uns kann sich in der »Schule des Lebens« drücken. Meine Aufgabe ist es aber auch, das Gelernte in Leben umzuwandeln. Nicht totes Wissen anzusammeln, sondern mein Bewußtsein zu erweitern, – damit mich selbst –, um so immer weiter zu werden, bis ich wieder allumfassend geworden bin. Das geht nur, wenn ich das Gelernte in Harmonie mit dem Leben bringe. Soweit mir das nicht gelingt, entsteht Schicksal. Unser Seinsauftrag lautet: »Ihr sollt vollkommen werden, wie der Vater im Himmel vollkommen ist«!

Ich bin auf dem Weg, sobald ich anfange zu suchen. »Suchet, so werdet ihr finden«!

Der individuelle Sinn des Lebens ist es, die Aufgabe meines Lebens zu erkennen und zu erfüllen. Zu erkennen: Ich selbst bin meine Hauptaufgabe. In der pränatalen Phase lebe ich noch einmal die ganze bisherige körperliche Entwicklung durch. Nach der Geburt erlebe ich noch einmal meine ganze Entwicklung. Erst dann ist meine Geburt ganz abgeschlossen, und ein Fortschritt wird möglich. Die meisten Menschen sterben allerdings, bevor sie ganz geboren sind, bevor die geistige Geburt abgeschlossen ist.

Zum individuellen Sinn des Lebens gehört auch, daß wir lernen, um zu lehren. Der Fortgeschrittene lernt vom Höheren und wird gleichzeitig seinem weniger erwachten Bruder zum Lehrer. So ist jeder stets gleichzeitig Schüler und Lehrer. Es ist Teil unseres Seinsauftrages, unserem Nächsten eine Chance zu sein. Es ist daher sehr sinnvoll, möglichst lange zu leben, damit die Zeitspanne für den eigentlichen Fortschritt möglichst lang ist. Dabei ist Achtsamkeit erforderlich, damit ich diese Zeitspanne möglichst optimal nutzen kann.

Unser Auftrag ist es, vom Haben über das Sein zum Schöpfungswillen zu finden. Vom Instinkt über das Ego zum Wahren Selbst – und damit zu Gott. Wer aber nicht an sich selbst arbeitet, an dem wird gearbeitet, und wer dauernd Unüberhörbares überhört und Unübersehbares übersieht, der darf sich nicht wundern, wenn ihm eines Tages Hören und Sehen vergehen. So finden wir allmählich vom Gegeneinander und Durcheinander über das Nebeneinander zum Miteinander. Dabei lernen wir nicht nur das Richtige zu tun, sondern auch das Not-wendige nicht zu unter- und das Falsche nicht zuzulassen.

Wir erkennen auch, daß es nicht der Sinn des Lebens ist, das Glück für unser jeweiliges »Ich« anzustreben, sondern für unser Wahres Selbst. Das heißt, die Vollkommenheit meines Wahren Selbst immer vollkommener zum Ausdruck zu bringen und so in Harmonie mit der Schöpfung zu sein.

Nichts, was man haben kann, macht glücklich. Es gibt genug Menschen, die alles haben, aber die nicht glücklich sind. Glücklich werden kann ich nur, indem ich bedingungslos

»ja« sage zum Leben und nicht »Ja, aber...« oder gar »nein«. Wann immer ich im Leben leide, habe ich »nein« gesagt, oder »ja, aber«! Den Sinn meines Lebens kann ich aber nur erfüllen, wenn ich ihn erkenne.

Auch das Spiel des Lebens folgt bestimmten Spielregeln. Es ist so ähnlich wie im Straßenverkehr. Wenn ich ohne Führerschein Auto fahre, werde ich früher oder später Schwierigkeiten bekommen. Ich verletze die Gesetze und werde dafür zur Rechenschaft gezogen. Außerdem könnte ich sogar einen Unfall verursachen, also Disharmonie im Leben. Es ist daher wichtig, daß ich eine Fahrschule besuche, um zu lernen, mein Auto (mein Selbst) wirklich zu beherrschen.

In der Fahrschule lerne ich am Anfang die Theorie, die Verkehrsregeln der Straßenverkehrsordnung. Genau so sollte ich, bevor ich mein Selbst in Besitz nehme und in Aktion setze, die Geistigen Gesetze kennenlernen.

Dann kommt der praktische Unterricht, die Fahrstunden. Hier lerne ich, mich SELBST im Einklang mit den Geistigen Gesetzen zu verhalten, die gesammelten Erkenntnisse praktisch zu leben und die Rechte der anderen zu achten. Das ist anfangs noch recht kompliziert, wird aber bald immer mehr zur Routine.

Wenn ich dann Auto fahren kann, also wirklich mit meinem SELBST umgehen kann, wird das Leben zum Spiel. Unfälle – Disharmonien und Kollisionen mit dem Leben – werden immer seltener, bis ich endlich ganz unfallfrei fahre. Dann wird das Leben zum Spiel, das Fahren ein Vergnügen.

Doch Auto fahren kann ich erst, wenn ich eingestiegen bin, wenn ich den Weg nach innen gegangen bin. Wenn ich eins geworden bin mit mir SELBST. Dann beginnt das eigentliche Leben, das Leben als Spiel, die Leichtigkeit des Seins.

Das Spiel des Lebens wird nach festen Regeln gespielt, die wir *Geistige Gesetze* nennen. Es ist ein Spiel, dessen Regeln wir erst beim Spielen erkennen. Mit jedem Spielzug, mit jedem Schritt im Leben, habe ich die Chance, eine Regel zu erfahren – dies aber nur, wenn ich mich an die schon erkannten Regeln halte.

Solange ich lebe, *muß* ich mitspielen. Aber ich entscheide, ob ich als Spieler oder als Spielfigur teilnehme. Habe ich im Spiel eine Tür geöffnet, das heißt, ein Problem, also eine Aufgabe des Lebens gelöst, komme ich zum nächsten Punkt, wo ich wieder einen Schritt tun kann.

Das Leben spielt oft: »Mensch ärgere dich nicht«. Ich finde zum Beispiel meinen Auto- oder Hausschlüssel nicht und stehe im Regen. Oder ich bin am Flughafen und habe mein Ticket oder meinen Paß vergessen. Bei all dem prüft das Leben sich selbst in mir, ob ich im richtigen Bewußtsein bin. Es führt mich in Versuchung, damit ich mich noch besser ausrichte und wirklich bewußt lebe. Gleichgültig, ob die Situation mir angenehm ist oder unangenehm, sie ist immer richtig und wichtig, um mir zu helfen, einen Schritt zu mir selbst zu tun. So ärgere ich mich so lange in solchen Situationen, bis ich erkenne, daß ärgern nicht hilft, die Aufgabe zu lösen. Es ist sogar sinnlos, stört mein Sein. Ein HOMO SAPIENS, der sich ärgert, ist ein Widerspruch in sich. Und ich erkenne: Nichts und Niemand kann mich ärgern, das kann nur ich selbst, und nur ich selbst kann es lassen.

Oder das Leben spielt: »Karriere«.

Ich bewerbe mich um eine bessere Stellung, bereite mich gründlich vor und bekomme die erwünschte Stellung. Ich bilde mich in Abendkursen weiter, werde Sachbearbeiter, Abteilungsleiter und letztlich Direktor, alles, weil ich »WER SEIN« will. Irgendwann stelle ich fest, daß die Karriereleiter nirgendwohin führt – ich bin nicht am Ziel, sondern nur am Ende, und ich erkenne:

Was ich wirklich gesucht habe, waren Selbst-Achtung und Selbst-Bewußtsein.

Oder das Leben spielt: »Monopoly«.

Ich rackere mich ab, opfere in der ersten Hälfte meines Lebens meine Gesundheit, um zu Geld zu kommen. Ich erwerbe eine Eigentumswohnung, ein eigenes Haus, einen eigenen Betrieb, Aktien usw. und gebe in der zweiten Hälfte meines Lebens das Geld wieder aus, um meine Gesundheit zurückzubekommen – meist vergeblich. Ich bemerke außerdem, daß ich dem Besitz diene, anstatt er mir, und ich erkenne:

Alles, was ich habe, ist nur eine Leihgabe des Lebens – ich kann nichts davon mitnehmen.

Denn alles, was existiert, sind nur »Spielsachen«, um das Spiel des Lebens spielen zu können: Besitz, Geld, Macht, Anerkennung, Erfolg, aber auch meine Fähigkeiten, Talente, Glück, mein Partner, meine Familie, die Kinder, sogar mein Körper. Alles werde ich hier für die anderen Spieler zurücklassen. Alles gehört zum Spiel, will mir nur helfen, mich selbst erkennen zu können.

Solange ich im Spiel des Lebens mitspiele, also selbst einen Zug mache, wenn ich an der Reihe bin, macht auch das Leben stets den nächsten Zug. Wenn ich aber nicht mehr »ziehe«, dann zieht auch das Leben nicht mehr, und es fließt nichts mehr. Sobald ich an etwas festhalte, an einem Menschen oder einer Situation, kommt das Spiel ins Stokken. Dann mache ich eine Lektion des Lebens not-wendig und bekomme »Nachhilfeunterricht« vom Leben. Auch wenn ich ein verlorenes Spiel weiterspiele, weil es für mich bequemer ist oder zumindest so scheint, verliere ich mich selbst dabei. Denn in Wahrheit spiele ich ja, um Weisheit zu gewinnen und Pluspunkte auf dem Gebiet der Liebe zu sammeln.

Denn der Schlüssel zu diesem Spiel ist die Liebe, und mit der Weisheit erkenne ich, wie ich den Schlüssel sinnvoll gebrauchen kann. Liebe und Weisheit öffnen mir alle Türen in diesem Spiel des Lebens.

Erkennt man das Leben als Spiel, kann man sich auch nicht mehr über »Schwierigkeiten« beschweren. Denn das ist ja gerade der Sinn des Spiels. Wenn mein Spielpartner beim Schach einen guten Zug oder beim Tennis einen guten Schlag macht, dann beschwere ich mich ja auch nicht, sondern das motiviert mich nur, im Spiel wirklich mein Bestes zu geben. Hätte ich einen schlechten Partner, wäre das Spiel bald langweilig. Würden wir immer nur gewinnen und nie gefordert werden, würden bald unsere Fähigkeiten nachlassen und letztlich versiegen. Erst der gute Zug meines Spielpartners ist eine Herausforderung an meine Leistung, ebenso wie das »Problem« im Leben. Jedes gelöste Problem bringt mir eine Erkenntnis und mich damit im Spiel einen Schritt weiter.

Wahre Selbst-Erkenntnis ist nur möglich durch Opfer. Indem ich opfere, was nicht zu diesem Wahren Selbst gehört, werde ich erst ich selbst. Erst wenn das Samenkorn nicht mehr daran festhält, zu bleiben, was es ist, kann es werden, was es sein soll, eine Pflanze. Erst wenn die Raupe stirbt, wird der Schmetterling geboren. Das Spiel des Lebens beruht auf ständiger Transformation, die nur durch Loslassen und Hingabe möglich wird.

Solange ich spiele, spüre ich in mir die Sehnsucht. Ich bleibe auf der Suche, die immer eine Suche nach mir selbst ist. Denn das Spiel des Lebens hat nur den einen Sinn: mir zu helfen, das Geheimnis meines wahren Seins zu entdecken. Ich brauche mich nur von meiner inneren Sehnsucht führen zu lassen, dann führt meine Seele mich zum Bewußtsein meiner eigenen Vollkommenheit, zurück zum ewigen Einssein.

Es gibt unendlich viele Wege, die wieder in diese Einheit zurückführen. Denn letztlich führt jeder Weg in diese Einheit, auch wenn es ein großer Umweg war. Ich aber bestimme, welchen Weg ich wähle, den schnellsten, den sichersten oder den bequemsten. Und ich bestimme, wann ich ihn gehe und

und mit welchen Schritten. So schaffe ich mir selbst mein eigenes, einmaliges Schicksal, einen »Maßanzug«, der von mir für mich geschaffen wurde. Ich habe ihn geschaffen, ich muß ihn tragen und nur ich kann ihn ändern, das aber in jedem Augenblick meines Lebens. Ich bin der Schöpfer. Und jeder von uns ist als Mitschöpfer aufgerufen, das Leben, sein Schicksal und die Schöpfung mitzugestalten.

Hierbei ist auch der Tod nur ein Übergang auf eine andere Ebene des Spiels. Eine Runde ist gespielt, ich werte die Erfahrungen aus, die ich gemacht habe und bereite mich vor auf eine neue Spielrunde. So erkenne ich den Tod als Krönung des Lebens und kann gelassen alles ertragen, was geringer ist. Ich erkenne, daß Gewinn oder Verlust »gleichgültig« ist und sage bedingungslos »ja« zum Leben. Ich erkenne die immer gleichen Schritte im Spiel des Lebens:

- Meine Lebensaufgabe erkennen
- Den Augenblick erfüllen
- Erkenntnisse, also wahren Reichtum sammeln
- Selbst-Verwirklichung
- Hilfe für Mitmensch und Schöpfung sein
- Den Tod als Krönung des Lebens erkennen

So werde ich ein immer besserer Spieler beim Spiel des Lebens und kann mehr und mehr auch den anderen helfen, schneller zum Ziel zu kommen. Denn das Spiel ist erst beendet, wenn alle Mitspieler am Ziel angekommen sind. Doch ganz gleich, welches Spiel das Leben gerade spielt, es will mir immer nur ein Geschenk machen, eine Erkenntnis vermitteln, das einzige, was ich wirklich mitnehmen kann. Die schönste Erkenntnis aber ist: »Beim Spiel des Lebens kann ich lernen und ganz werden.«

Es könnte auch eine ganz andere Schöpfung geben, eine Schöpfung, in der bereits alles vollkommen ist. In einer solchen Welt könnte keine Veränderung mehr stattfinden, weil die Ordnung bereits absolut ist. Es wäre eine statische Welt, ohne Bewegung und ohne Leben, eine Welt, in der das

Spiel des Lebens nicht mehr stattfinden könnte. Sobald ich mir das einmal bewußt gemacht habe, erkenne ich auch die Vollkommenheit des Unvollkommenen.

Doch auch im Spiel des Lebens wird irgendwann einmal Vollkommenheit erreicht, zumindest die Vollkommenheit des einzelnen. Dann wird ein Quantensprung des Bewußtseins erforderlich, der eine neue Dimension des Seins erschließt. Die eigentliche Wirklichkeit, in der ich erkenne, daß alles bis zur Vollkommenheit nur Vorbereitung war auf das eigentliche Spiel der Schöpfung. Von nun an bestimme ich nicht mehr nur mein Schicksal, sondern das Schicksal eines immer größeren Teils des Universums, bis ich mich als Ganzes, als Gott erkannt habe und bewußt das Ganze bestimme. Hat der letzte Teil von mir das Ziel erreicht, ist das Spiel aus. Ein neues Spiel beginnt.

Dabei erkenne ich, daß es in Wirklichkeit gar kein Ziel gibt. Das scheinbare Ziel ist nur ein Orientierungspunkt am Horizont, der meinem Weg die Richtung gibt. In Wirklichkeit ist der Weg das Ziel, und das scheinbare Ziel ist nur das Ende des Weges, gleichzeitig aber der Anfang eines neuen Weges. Also erkenne ich, daß es sinnlos ist, so schnell wie möglich am Ziel sein zu wollen, und genieße den Weg.

Sieh auf dein Innerstes!
Denn da ist die Quelle des Guten,
die stets wieder aufsprudeln kann,
wenn du wieder nachgräbst.

Marc Aurel

Der wahrhaft Liebende liebt Gott in allem
und findet Gott in allem.

Meister Eckhart

Das Ego oder: Die Illusion des Ichs

Wer glaubst du zu sein?

Am Anfang warst du ein Teil des Seins. Um zu erleben, wer du bist, wurdest du ein individualisierter Teil des einen Bewußtseins. Du bist freiwillig durch das Tor der Geburt eingetreten in eine menschliche Existenz, um am Spiel des Lebens teilzunehmen. Mit deiner Wahl, Mensch zu sein, nahmst du auch das bewußte, menschliche Denken an. Nun ist es an der Zeit, das Experiment der Dualität, das hier auf der Erde läuft, zum Abschluß zu bringen.

Dieses Spiel der Dualität hast du vor unendlich langer Zeit begonnen. Jedes Leben, das du auf der Erde verbracht hast, lebtest du in der Illusion des Getrenntseins vom Ganzen. Du erlebtest dich als Ego. Du hast vergessen, daß das Leben ein Spiel ist, dir zur Freude erfunden, und glaubst nun, du wärest dieser Körper. Körper, Verstand, Gemüt aber sind nur deine Instrumente der Wahrnehmung, die Werkzeuge deines Handelns. Du aber bist der, der diese Werkzeuge gebraucht und beherrscht. Du bist der, der in der Tiefe deines Seins weiß.

Dieser Teil von dir, dein wahres Selbst, ist weder identisch mit dem Körper noch mit dem Denken oder Fühlen, ja nicht einmal mit dem Leben. Der Sinn des Spiels des Lebens ist es, dieses wahre Selbst zu ent-decken. Das ist die einzig wirklich wichtige Ent-Deckung, die du in diesem Leben machen kannst. Denn sie ist der Schlüssel zur Sinnerfüllung menschlicher Existenz. Wenn du dein Wahres Selbst erkannt hast, dann hast du Gott gefunden. Dann bist du am Ziel allen Suchens.

Dann brauchst du dein kleines Ich, dein Ego nicht mehr, das notwendig war, um Körper, Leben und Denken um einen individuellen Mittelpunkt zu konzentrieren, als Träger für das innewohnende Bewußtsein. Dieses kleine Ich wird dann zum Hindernis auf dem Weg zur weiteren Transformation.

Das Zeitalter des Ego geht zu Ende. Du lebst von nun an in der Erkenntnis der Wahrheit deines eigentlichen Seins, als individualisierter, aber nicht mehr getrennter Teil des einen, allumfassenden Bewußtseins. Du bist deinem wahren Wesen nach unsterblich und vollkommen.

Du bist hier, um an der Vollendung des Experiments der Dualität mitzuwirken. Das kannst du nur, wenn du zuvor die Grenzen des Ego überschreitest. Wenn du erkennst, daß du ein multidimensionales Bewußtsein bist, das auf vielen Seinsebenen existiert, von denen nur wenige deinem bewußten Denken zugänglich sind. Wann immer du wieder einen Aspekt deines wahren Selbsts entdeckst, kommst du der Wahrheit dessen einen Schritt näher, wer du wirklich bist. Dies so lange, bis du dein Wahres Sein auf allen Ebenen erkennen kannst. Da dein multidimensionales Sein außerhalb der Reichweite deines Denkens existiert, kannst du es mit deinem begrenzten Denken nicht erfassen, sondern nur als Bewußtsein »wahrnehmen«.

Dein grundlegender Irrtum war zu glauben, daß es dich gibt. Solange dieser Irrtum besteht, strebst du nach Vollkommenheit, mußt du an dir arbeiten. So lange hast du

Wünsche, die unausweichlich zum Leid führen. Entweder du erfährst keine Erfüllung deines Wunsches, dann leidest du. Oder noch schlimmer: Dein Wunsch geht in Erfüllung, dann leidest du erst recht. Denn die Erfüllung stillt nicht deine Sehnsucht, die in Wahrheit eine Sehnsucht nach dir selbst ist.

Was sucht der Manager auf der Karriereleiter? Der Kranke beim Wunderheiler? Der verliebte Teenager bei seinem Partner? Der Suchende bei seinem spirituellen Lehrer? Sie alle suchen nur das eine – sich selbst. Wollen endlich nach Hause kommen, wollen aufhören zu suchen. Aber du kannst erst aufhören zu suchen, wenn du gefunden hast.

Dabei ist alles im Grunde ganz einfach. Das Blatt löst sich im Herbst ganz von selbst vom Baum. Der Schnee fällt, der Frühling kommt, das Gras wächst. Alles ganz leicht, ohne Angst, ohne festhalten zu wollen. Ohne Therapie, ohne Trauma oder Reinkarnationstherapie. Das Drama ist nur eine Illusion, die Wahrheit ist einfach. Sie ist weder gut noch schlecht, sie *ist* einfach!

Alles ist, wie es ist, ob du nun zustimmst oder nicht. Wenn du nicht einverstanden bist, dann leidest du. Sagst du aber bedingungslos ja, hast du das Geheimnis des Glücks entdeckt.

In unzähligen Leben bist du dem Erfolg nachgejagt, hast Geld und Besitz angehäuft, Ansehen und Macht errungen und dabei deine Gesundheit verloren. Also hast du versucht, deine Gesundheit wiederzugewinnen und dich irgendwann auf den Geistigen Weg gemacht. Du hast Selbsterfahrungsgruppen mitgemacht, Encounter und Primärtherapie. Du hast dich rückführen lassen und »Ur-geschrien«. Du hast den »Kosmischen Ton« gehört und das lautlose Klatschen der einen Hand. Aber Erfüllung hast du so nicht gefunden. Und irgendwann fragst du dich:

UND NUN???

Du suchst noch immer nach dem Einen, dem ursprünglichen Zustand des Seins, nach dem wahren Leben. Alle noch so perfekten Erfindungen des menschlichen Geistes haben dich deinem Ziel keinen Schritt näher gebracht. Dabei weißt du tief innen drin, daß du alles hast, was du zu diesem wirklichen Leben brauchst. Du weißt, daß alle Probleme nur in deiner Einbildung existieren. Du weißt, daß über dem Nebel die Sonne scheint. Du willst endlich heim ins Licht. Und eines Morgens wachst du auf – und die Seifenblase ist geplatzt. Du hast alles, wonach du dich immer gesehnt hast – du bist endlich du selbst. Das ist es, wonach du immer gesucht hast, und das ist alles!

Das kann aber erst geschehen, wenn du dem Ego nicht mehr gestattest, die Illusion des Getrenntseins aufrechtzuerhalten. Wenn dein Bewußtsein so weit geworden ist, daß es alles Sein erfaßt, von dem du in Wahrheit nie getrennt warst. Dein Ego hat es dir ermöglicht, am Erleben der Dualität teilzunehmen. Das ganze Spiel des Lebens ist ein Ausdruck des unbegrenzten Potentials der »Istheit«.

Du kannst dein persönliches Erleben der Dualität transzendieren, indem du erkennst, daß alles Getrenntsein eine Illusion ist. Indem du dein Bewußtsein von der Illusion des Getrenntseins abwendest, veränderst du auch das Bewußtsein der anderen. Du erhebst sie zu sich selbst.

Die Illusion des Getrenntseins ruft Gefühle hervor, wie Habenwollen oder Ablehnung. Diese Gefühle erwachsen aus der Illusion, daß man in dieser Welt etwas besitzen oder verlieren könnte. Du besitzt nichts, denn du bist alles. Alles, was ist, ist aus der einen, einzigen Realität geschaffen worden, die du bist und ist damit ein Teil deiner selbst. Menschen, die dir begegnen, Dinge, die dir »gehören«, oder die du verlierst, all das sind Geschenke, die du dir machst, um immer neue Aspekte deines Seins zu erleben. Gewinn oder Verlust ist »gleich-gültig«, denn das eine wie das andere ist ein Geschenk von dir an dich. In Wirklichkeit gibt es nichts zu gewinnen und nichts zu verlieren – ausgenommen die Erfahrung, wer du wirklich bist. Und die gewinnst du in jedem Fall, denn im Spiel des Lebens kannst du nur gewinnen. Dieses Spiel ist dir zu Freude geschaffen worden, also freue dich an der wunderbaren Fülle deines Seins.

Du kannst die Illusion des Getrenntseins nicht dadurch beenden, daß du eins wirst mit einem anderen Menschen. Wenn du dich mit einem anderen Menschen auch ganz eins fühlen magst, in Wirklichkeit verbinden sich nur zwei Egos zu einem größeren. Das Paar wird zur Einheit, aber um den Preis des Getrenntseins vom Rest der Welt.

Und doch kann die Einheit mit einem anderen Menschen der Anfang vom Ende des Getrenntseins und der Anfang des Einsseins mit allen werden. Dies gilt, wenn wir sie als einen ersten Schritt zur Einheit mit allen erkennen und erleben. Wenn wir daraus nicht eine neue Form der Isolation machen, sondern damit eine Tür öffnen, die herausführt aus dem kleinen Ich, dem Ego. Wird eine Beziehung so erfahren, dann blüht sie auf und trägt reiche Frucht. Wenn nicht, trägt sie den Keim der Auflösung schon in sich.

Doch um dich eins mit allem zu erkennen, brauchst du keine Beziehung. Sie ist Anfang aber nicht Ziel. Sie ist nur sinnvoll, solange sie beide näher zu ihrem wahren Selbst führt. Eines Tages wird sie sich erfüllt haben, mag eure Liebe noch so ungetrübt sein. Wenn deine Beziehungen auf dieser Wahrheit beruhen, werden sie voller Freude sein.

Wenn du anfängst, in Kontakt mit deinem Wahren Selbst zu treten und immer mehr aus diesem Wahren Selbst heraus lebst, dann fühlt sich das Ego bedroht. Es möchte die Illusion des Getrenntseins aufrechterhalten. Es gibt dir das Gefühl, besser oder schlechter zu sein als andere, und trennt dich so von ihnen. Sobald du aber dieses Getrenntsein überwindest, wirst du bedeutende Veränderungen erleben.

Jetzt bist du aufgerufen, weise zu handeln. Kämpfe nicht gegen dein Ego, sondern mach es zu deinem Freund! Es könnte dein bester Freund werden, ja im Grunde war es das immer. Denn es war das Ego, das dich als ein guter Lehrer immer wieder in Versuchung geführt hat, um dich zu zwingen, dich klar zu entscheiden. So hat es dir geholfen, dahin zu kommen, wo du jetzt bist.

Bleibe auch jetzt sein Freund, ja vertiefe die Freundschaft! Denn wenn das Ego dein Freund ist, kann es dir helfen, den letzten Schritt zu tun: den Schritt zu dir selbst, damit du von nun an als du selbst leben kannst. Lade dein Ego zu einem geistigen Gespräch unter Freunden ein! Sage ihm, daß die bevorstehenden Veränderungen keineswegs sein Ende bedeuten. Hilf ihm seine wahre Natur zu erkennen als einen individualisierten Teil des einen Bewußtseins! Hilf ihm zu erkennen, daß es ein Teil Gottes ist, der als *Viele* in Erscheinung getreten ist, um am Spiel des Lebens teilzunehmen, mit dem Ziel, sich selbst in seiner Ganzheit zu erleben.

Sobald dein Ego seine Angst verloren und seine wahre göttliche Natur erkannt hat, hast du einen wahren Freund, der dir mit Freuden helfen wird, die letzten Schritte zu tun: zu dir selbst, in die Einheit allen Seins, um zu leben, als der, der du wirklich bist.

DU SELBST!!!

Du bist hier, um dein Wahres Selbst zum Ausdruck zu bringen, um Gott in dir und allen zu erkennen. Wann immer du zu einem Menschen in Beziehung trittst, hast du Gelegenheit, dich in ihm zu erkennen und zu lieben. Jeder, der dir begegnet, ist ein Aspekt Gottes und damit ein Teil deiner selbst – bist du Selbst. Wann immer du liebst, liebst du Gott, verehrst du die Herrlichkeit des Seins in allem, was ist. Und dein Leben wird voller Freude sein, denn du lebst in der Wirklichkeit der Wahrheit. Ist es nicht großartig, in dieser Erkenntnis von nun an zu leben als

DU SELBST???

Die Gleichgültigkeit ist eine Lähmung der Seele, ein vorzeitiger Tod.

Anton Tschechow

Niemand ist so arm, daß er nicht fähig wäre, an seinesgleichen Gutes zu tun.

Paul Claudel

Wer bin ich?

Wenn ich in den Spiegel schaue, sehe ich einen Körper und kann sagen: »Das ist mein Körper.« Wer aber sagt das? Der Körper kann sich ja nicht selbst gehören. Es muß also jemand in diesem Körper sein, der sagt: »Das ist mein Körper.«

Der Körper ist Materie. Materie kann nicht denken, kann nicht fühlen, kann sich nicht erinnern, das kann nur Bewußtsein. Ich aber kann denken, fühlen und mich erinnern, habe Sehnsucht nach meiner eigenen Vollkommenheit. Also bin ich Bewußtsein. Ich bin nicht der Körper, nicht der Verstand, nicht das Gemüt und auch nicht das Unterbewußtsein. Ich bin nicht der Name, den ich trage und auch nicht die Rolle, die ich spiele. *Ich bin vollkommenes, unsterbliches Bewußtsein.* Ich bin ein Teil des einen, allumfassenden Bewußtseins. Ich war immer und werde immer sein, denn ICH BIN! Ich komme aus der Einheit und bin auf dem Weg über die Vielfalt zurück zur Einheit.

Nachdem ich erkannt habe, *wer* ich bin, muß ich mich natürlich fragen: »Warum bin ich?« und »Warum bin ich so, wie ich bin?«, »Warum bin ich hier?«, »Was ist meine Aufgabe, und wie erfülle ich sie?«, »Welche Wege gibt es, und was ist das Ziel?«

Irgendwann erkenne ich in mir die Antwort: »Mensch, erkenne dich selbst, dann erkennst du Gott.« Aus dieser Antwort erkenne ich dann auch den Auftrag: »Sei Du selbst.« Das heißt, alte, überholte Verhaltensmuster bewußt zu machen und aufzulösen. Das heißt aber auch, neue, erwünschte Verhaltensmuster zu schaffen und zur Gewohnheit zu machen. Sich und anderen zu verzeihen, wo wir früher verurteilt haben. Frei zu werden und loszulassen, was nicht mehr wirklich zu uns gehört.

Wieder steigen neue Fragen auf. Wie sollte ich sein, wie bin ich gemeint? Welche Schwächen habe ich? Wie wandle ich sie am besten in Stärken um? Welche Stärken habe ich? Wie kann ich sie am besten zum Wohl des Ganzen einsetzen? Denn erst kommt das Dienen, dann das Verdienen.

Woran hänge ich noch, was sollte ich loslassen? Was hindert mich noch daran, wirklich ich selbst zu sein? Gewohnheit? Gedankenlosigkeit? Angst? Mangelnde Motivation? Unbewußtsein? Wie kann ich meine geistige Entwicklung beschleunigen? Wie kann ich Kontakt zum allumfassenden Bewußtsein, zu Gott, herstellen?

Eine Legende erzählt, daß die Gnade Gottes wie ein beständiger Regen auf die Welt niederströmt. Die meisten Menschen aber haben keinen Anteil an dieser Gnade, da ihr Bewußtsein noch nach unten geöffnet ist, zur Materie hin. So ist es die erste Aufgabe des Menschen, sein Bewußtsein nach den oberen Bereichen zu öffnen, damit er der Gnade Gottes teilhaftig werden kann. Die zweite Aufgabe ist es, das Bewußtsein ständig zu erweitern, damit jeder immer mehr Gnade empfangen kann.

Denn was nutzt der ständige Regen eines Ozeans voll Gnade, wenn unser Bewußtsein nicht größer als ein Fingerhut ist?

Diese Welt ist wie eine Brücke. Gehe hinüber,
aber baue nicht dein Haus drauf.
Aus Indien

Der Sinn des Menschseins

»Ihr sollt vollkommen sein, wie der Vater im Himmel vollkommen ist.«

In diesen Worten ist unser ganzer Seinsauftrag enthalten. Das bedeutet jedoch nicht die Abkehr vom Außen, denn das Außen ist ja nur ein Spiegelbild des Innen und damit ein Teil dessen. Das Außen ist nicht Schein oder Täuschung und Versuchung, sondern unser Freund und Helfer auf dem Weg nach Innen, zu unserem Wahren Sein, der inneren Wirklichkeit. Die Sprache der Lebensumstände zeigt uns deutlich, wie weit wir auf dem Weg nach innen gekommen sind. Es zeigt uns auch rechtzeitig und unübersehbar, wenn wir von unserem Weg abkommen. Auf dem rechten Weg nach Innen können wir also auf das Außen nicht verzichten.

Wir sollen nicht eine Hälfte unseres Seins – die äußere – verleugnen oder gar verachten, denn ohne sie wäre Vollkommenheit ja gar nicht möglich. Wir können unseren Seinsauftrag nur ausführen, wenn wir das Außen harmonisch in unser Sein integrieren. Wir können unseren Weg nur sicher gehen, wenn wir unsere beiden Beine Innen und

Außen gleichermaßen benutzen. Beide Extreme sind falsche Erscheinungsformen: die Verhärtung in der Materie als Satan, die Auflösung der Materie als Luzifer, was »Lichtträger« bedeutet, uns aber als Irrlicht in uns vom wahren Weg weglocken will. Sobald wir dies erkannt haben, können wir unseren Weg um so sicherer finden.

So wie wir einen Weg nur gehen können, wenn wir abwechselnd beide Beine benutzen, so müssen wir auch auf dem geistigen Weg, das Gewicht mal auf das Innen, mal auf das Außen legen. Den Weg nach Innen gehen wir am besten durch den Dienst am Außen.

Ein Augenblick der Geduld
kann vor großem Unheil bewahren,
ein Augenblick der Ungeduld
ein ganzes Leben zerstören.

Aus China

Die zwei Naturen des Menschen

Jeder von uns trägt zwei Naturen in sich: KAIN und ABEL. Der Name KAIN bedeutet »Besitz«. KAIN ist der ichbezogene Teil des Menschen, der habgierig und rechthaberisch ist und immer versucht, etwas in seinen Besitz zu bringen oder anderen seinen Willen aufzuzwingen.

KAIN in uns will besitzen, herrschen, sich durchsetzen.

Der Name ABEL bedeutet »Atem«. ABEL ist der geistige Teil des Menschen, seine wahre Natur, so, wie er als Mensch gemeint ist. ABEL strebt beständig nach Harmonie, Ausgleich, nach Verbesserung des Bestehenden und will in allem das Gute wecken. Diese wahre, geistige Natur des Menschen möchte in der Stille Gutes bewirken.

In der Bibel erschlägt Kain seinen Bruder Abel. Die niedere Natur des Menschen siegt noch über den Geistmenschen. Aber in Wahrheit ist Abel nicht zu töten, denn es ist unsere wahre Natur, ist der unsterbliche Gottmensch in uns allen. Aber der, mit dem wir uns identifizieren, der wirkt durch uns und bewirkt Krankheit, Schicksalsschläge und Leid, oder Gesundheit, Harmonie und Glück. Es ist unsere freie

Entscheidung, wen wir durch uns wirken lassen. Wir haben in jedem Augenblick unseres Lebens die Wahl, uns neu zu entscheiden. Zum Beispiel

JETZT!!!

Menschsein heißt, Himmel und Erde verbinden. Nur im Körper haben Geist und Seele die Möglichkeit der Begegnung, da sie entgegengesetzte Kräfte sind. Geist hat das Bestreben der Konzentration zur Einheit. Seele hat das Bestreben sich auszuweiten, allumfassend zu werden, um so die Einheit zu erreichen. Das Ziel des Geistes ist das Selbst, die Einheit. Das Ziel der Seele ist das Du, die Beziehung. Das Ziel der Materie ist das Wir, das Miteinander.

Der Mensch ist ein Kraftfeld zwischen den beiden Polen Geist und Materie. Aber das Kraftfeld besteht nur durch *beide* Pole. Fällt ein Pol aus, bricht das Kraftfeld zusammen. Viele gute Menschen klagen auf dem Weg nach innen über Mangel an Kraft. Das ist stets ein Zeichen, daß die Harmonie gestört ist, daß eine Seite überbetont wird.

Vollkommenheit heißt also nicht entweder – oder. Sondern vielmehr: Sowohl – als auch.

Um das bestmögliche Material für eine Sache herauszufinden, veranlaßt die Wissenschaft immer wieder Zerreißproben. Menschsein heißt Mensch werden, und das stellt die höchsten Anforderungen an uns. So müssen wir uns immer wieder solchen Zerreißproben auf anderen Ebenen stellen. Nach dem Motto: »Was mich nicht umwirft, macht mich stärker.« Aber selbst wenn es mich umwirft, so ist es mein Auftrag, sofort wieder aufzustehen, um mit größerer Achtsamkeit in die nächste Prüfung zu gehen. Versuchen wir aber einer solchen Probe auszuweichen, fordern wir das Leben nur heraus, uns mit einem Schicksalsschlag zu zwingen, uns der »not-wendigen« Aufgabe zu stellen. Ein Kran an sich ist sinnlos. Erst wenn er eine Last trägt, erfüllt er seinen Zweck.

Wir sollten daher unsere Aufgabe erkennen, annehmen und erfüllen. Aber nicht, um unser Karma zu verbessern oder einen besseren Platz im Himmel zu bekommen, sondern indem wir unsere Aufgabe voller Liebe erfüllen – zum Wohl des Ganzen. Handeln wir nur aus verfeinertem Egoismus, sind wir geistige Tagelöhner. Handeln wir aber aus Liebe, werden wir selbst zum Weg.

Denn das ist die ganze Aufgabe: Den Weg sehen, den Weg gehen – selbst zum Weg werden. Der Vollkommene ist wie die Sonne, die für »Gut« und »Böse« scheint. Wo immer er ist, wird die Welt lichter und liebevoller durch sein Sein. Er leuchtet, wärmt und durchlichtet alles, was in seine Nähe kommt. Er ist zum »Ebenbild Gottes« geworden und allem zum Segen.

Der Sinn meines Lebens

Zu mir selbst zu erwachen.

Zu erkennen: Wer bin ich? Wo stehe ich? Wo will ich hin? Was will das Leben von mir? Wie kann ich das verwirklichen? Nicht ein anderer sein zu wollen. Mich selbst ganz zuzulassen.

Mein geistiges Erbe anzutreten und die Fülle in Besitz zu nehmen.

Zu erkennen: Ich bin der Gott eines riesigen Universums, dem Universum meines Körpers. In diesem riesigen Reich ist jeder meiner Gedanken Gesetz, bestimmt Gesundheit oder Krankheit, mein ganzes Schicksal.

Meine Aufgabe ist es, ein weiser Gott in meinem Reich zu sein.

Zu erkennen: Ich bin ein Schöpfer.

Ich kann alles erreichen, was ich *denken* und *glauben* kann.

Wenn mir mein Leben nicht gefällt, kann ich es ändern, indem ich mein Bewußtsein ändere.

Das Leben ist ein Spiel, und solange ich lebe, muß ich mitspielen. Ich entscheide selbst, ob ich als Spielfigur oder als Spieler teilnehme.

Es ist der Sinn des Lebens, auf Entdeckungsreise zu gehen, das Abenteuer Leben bewußt zu erleben und wirklich zu genießen. Denn das Spiel des Lebens findet mir zur Freude statt.

Zu erkennen, daß ich einmalig bin und einen wertvollen Beitrag zum Leben zu leisten habe, auf meine ganz besondere und einmalige Art.

Meine wahre Bestimmung zu erkennen und zu erfüllen.

Die »Botschaften des Lebens« zu erkennen und zu befolgen.

Alles, was an mich herangetragen wird, sind nur »Angebote des Lebens«.

Zu erkennen, daß alle Probleme nur Aufgaben des Lebens sind, die ein Geschenk enthalten – eine Erkenntnis. Das Problem ist nur die Verpackung, das Geschenk, die Erkenntnis.

Zu erkennen, daß Gewinn oder Verlust gleich-gültig sind.

Zu erkennen, daß der Platz, auf dem ich stehe, der einzig richtige ist, und den Augenblick zu erfüllen.

Leben heißt lernen.

Zu lernen, die unwiderstehliche Macht des Denkens verantwortungsbewußt zu nutzen.

Zu lernen, das Richtige zu tun, das Notwendige nicht zu unterlassen und das Falsche nicht zuzulassen.

Der Sinn des Lebens ist es, mein Leben zu leben! Dazu muß ich SELBST sein. Denn das Leben ist nur ein Spiegelbild meines So-Seins.

Lebe ich aber Rollen, Klischees, Muster etc., also etwas, das ich gar nicht bin, erlebe ich das Leben, das meinem So-Sein entspricht. Dann lebe ich folglich das Leben meiner Muster, Rollen, Programme... Darum ist es der Sinn meines Lebens, ich SELBST zu sein, um überhaupt die Chance zu haben, das Leben zu leben, für das ich inkarniert bin.

Der Sinn des Lebens ist es, in jedem Augenblick zu »sterben« und gleichzeitig neu geboren zu werden. Das heißt, daß ich selbst ewig veränderlich bin, fließend, wie das Leben selbst.

So muß ich bewußt und achtsam im Hier und Jetzt sein; ich selbst sein, mich so zum Ausdruck bringen, wie ich jetzt gerade bin. Mich gleichzeitig beobachten und nicht fragen: Bin ich das wirklich selbst? Oder lebe ich eine Rolle, ein Verhaltensmuster, für das ich mich irgendwann einmal entschlossen habe? Lebe ich vielleicht gar nach der Meinung, Vorstellung, Erwartung und Wünschen anderer?

Der Sinn des Lebens ist, zu lieben und zu leben! Offen und bereit zu sein für mich selbst.

Der Sinn meines Lebens ändert sich in jedem Augenblick. Er ist ebenso fließend, wie das Leben und mein wahres Selbst. Wenn ich bewußt ich selbst bin, das lebe, was augenblicklich zu tun ist, also den Augenblick erfülle, lebe ich im Einklang mit mir und dem Leben. Dann erfülle ich den Sinn zu leben: Erkenntnis, Befreiung, Transformation, Entwicklung, Achtsamkeit, Bewußtsein, Selbst-Sein, Leben, Lieben!

Der Sinn des Lebens ist es, meine Be-rufung zu leben: Ich selbst rufe mich zu mir selbst.

Mein Seins-Auftrag ist es zu sein. Ich selbst zu sein.

Der Sinn ist es also, ein erfülltes Leben zu leben, indem ich es mit mir selbst er-fülle, in der Fülle meiner selbst lebe.

Der Sinn des Lebens ist es, Verantwortung zu übernehmen. Ich bin vor mir selbst verantwortlich, ich selbst zu sein.

Der Sinn des Lebens ist, heil zu sein, das heißt, ganz zu sein. Vollkommen so zu sein, wie ich jetzt bin. Heilsein, in meine Ganzheit, in das »Zentrum« meines Seins. Selbst-Findung, Selbst-Erkenntnis, Selbst-Vertrauen, Selbst-Verwirklichung, Selbst-Verständnis, Selbst-Beherrschung.

Der Sinn des Lebens ist es, mein geistiges Erbe anzutreten. Das heißt, meinen Ursprung zu erkennen und zu erwecken.

Mein Wahres Selbst ist der Gottesfunken. Gott sagte: »ICH BIN, der ICH BIN.« Ich bin, also bin ich ein Teil Gottes. Denn Gott ist nichts anderes als das Leben selbst, das mein Wahres SELBST ist.

Damit habe ich aber auch die Verpflichtung und Verantwortung, der zu sein, der ich bin: ein weiser Gott meines Lebens.

Göttlich zu sein, ich selbst zu sein, heißt, schöpferisch zu sein: Kreativität, Erneuerung, das heißt, in jedem Augenblick »neu« zu sein.

Lernen heißt, zu ent-decken, daß man im Innersten schon alles weiß, und zu leben, was man ent-deckt hat.

Der Sinn des Lebens ist es, Erfahrungen zu machen, aus denen Erkenntnisse werden – das einzige, das ich aus meinem Leben mitnehmen kann.

Meine Aufgabe ist es, das Gelernte in Leben umzuwandeln. Nicht totes Wissen anzusammeln, sondern mein Bewußtsein zu erweitern, um so immer weiter zu werden, bis auch ich allumfassend geworden bin. Die vier Naturen des Menschen, die spirituelle, mentale, emotionale und physische, zu einer harmonischen Einheit zu verschmelzen und aus dieser Einheit heraus zu handeln, im Einklang mit der Schöpfung.

Zum Sinn des Lebens gehört auch zu lernen, um zu lehren und damit meinem Nächsten Chance zu sein.

Das Schicksal ist nur ein Spiegelbild meines So-Seins. Jeder bekommt vom Schicksal das, was er verursacht.

Ganz gleich aber, was das Schicksal mir schickt, alles sind nur Chancen zu lernen. Alles will mir nur helfen und dienen. Ich kann mich jederzeit vom Rad des Schicksals befreien, indem ich meinen Eigenwillen loslasse: »Dein Wille geschehe.«

Sinn meines Lebens ist es, die Vollkommenheit meines Wahren Selbst immer vollkommener zum Ausdruck zu bringen.

Unsere einzige Bestimmung ist es, vollkommen zu werden, wie der Vater im Himmel vollkommen ist. Es ist meine Aufgabe, Wohlstand, Gesundheit, Glück und Harmonie für alle zu verwirklichen und mich für das Ganze verantwortlich zu fühlen. Aus meinem Leben ein Meisterwerk zu machen.

In der Freiheit meiner selbst zu leben bedeutet, frei zu sein, das heißt ohne Belastung und Grenzen. Das Spiel des Lebens spielen, als Entdeckungsreise, als Abenteuer. Der Sinn meines Lebens ist es, meine Einzigartigkeit immer mehr zu entdecken und zu leben. Ich selbst bin ein-malig!

Zu leben bedeutet zu geben, mich selbst, die Liebe, die ich bin. Fließen zu lassen, nicht festzuhalten.

Der Sinn meines Lebens ist es, meine Wahrheit zu finden und nach ihr zu leben. Das ist mein Geschenk an die Welt und an die anderen. Mein Beitrag, den nur ich geben und leisten kann. Mein innerstes Wissen, die Weisheit meines Wahren Selbst, der Göttlichkeit, die ich bin.

So erkenne ich den Sinn meines Lebens

Ich bin mit einer bestimmten Absicht gekommen. Erfüllung kann ich nur finden, wenn ich meine Lebensaufgabe erkenne – annehme – erfülle.

Ich erkenne den Sinn meines Lebens, indem ich mich frage:

- Auf welchen Platz hat mich das Leben gestellt? Warum?
- In welche Zeit bin ich hineingeboren? Warum?
- In welchem Land bin ich geboren? Warum?
- In welcher Familie bin ich geboren? Warum?
- Mit welchen Freunden hat mich das Leben zusammengeführt?
- In welchen Lebensumständen lebe ich? Warum?

Unter welchen Lebensumständen sollte ich leben?
Was ist zu tun, um sie zu schaffen?

- In welche Krisen/Schwierigkeiten hat mich das Leben geführt?
- Wo bekomme ich »Nachhilfeunterricht« vom Schicksal: Lektionen – Krankheit – Leid – Schicksalsschläge?
- Worin besteht das eigentliche Problem?
  Was will das Leben damit bewirken?
  Was ist der Sinn?
- Welche Erkenntnisse habe ich daraus gewonnen?
- Welche Konsequenzen habe ich daraus gezogen?
  Welche Konsequenzen sollte ich daraus ziehen?
- Wie kann ich den Augenblick sinnvoll erfüllen?
  Zur Bewältigung meiner Vergangenheit?
  Zur optimalen Gestaltung der Gegenwart?
  Um in Zukunft den »erwünschten Endzustand« zu erreichen?
- Was wäre mein Wunschtraum?
  Welche Rolle würde ich gern im Leben spielen?
  In welcher Situation würde ich mich am wohlsten fühlen?
- Wie sieht meine »Wunschbiographie« aus?
- Was ist zu tun, um aus meinem Leben ein Meisterwerk zu machen?
  Was würde ein Meister/Buddha/Jesus jetzt in meiner Situation tun?
- Was hindert mich eigentlich noch, genau das zu tun?
  Wann bin ich bereit, das »Not-wendige« zu tun?

Entwickeln kann man sich immer nur auf ein Ziel hin.
Beim Problem ist es die Lösung.
Beim Wunsch ist es die Erfüllung.
Beim Leben ist es der SINN!

Was ist meine wahre Berufung?

Ich bin mit einer bestimmten Absicht in diese Welt gekommen.

Erfüllung kann ich nur finden, wenn ich meine Berufung erkenne, annehme und erfülle.

Der Beruf sollte etwas sein, wofür man lebt, nicht wovon man lebt!!!

Keiner kann in seinem Beruf erfolgreich sein, wenn er seine Arbeit nicht liebt. Wenn Beruf und Berufung nicht identisch sind, der Selbstverwirklichung dienen und der Allgemeinheit nützen.

Der erste Schritt auf dem Geistigen Weg heißt, erst einmal in Besitz zu nehmen und sinnvoll einzusetzen, was ich schon erreicht habe, indem ich mich frage:

- Was kann ich besonders gut?
  Welche Fähigkeiten, Talente und Kräfte habe ich?
  Denn wo meine Gaben liegen, da liegen meine Aufgaben.
- Was macht mir besonders Freude?
  Was sind meine Hobbys? Meine Wünsche?
  Was möchte ich den ganzen Tag tun?
  Was »begeistert« mich?
- Welche Ausbildung habe ich?
  Welche Ausbildung sollte ich noch haben?
  In welche Krisen, Schwierigkeiten, Lektionen hat mich das Leben geführt?
  Von welchen begrenzenden Vorstellungen sollte ich mich lösen?
- Welche Chancen bietet mir das Leben, das zu tun?
  Bisher? – In diesem Augenblick? In Zukunft?
- Auf welchen Platz hat mich das Leben gestellt?
  Wie kann ich diesen Platz noch besser ausfüllen?
  Was sollte ich lernen/verlernen?
- Wenn ich mein Leben noch einmal beginnen könnte, was würde ich dann anders machen?

- Was wäre mein Wunschtraum?
  Wie sieht mein Leben als Meisterwerk aus?
- Welche Konsequenzen ergeben sich daraus?
  Was würde ich unter diesen Umständen meinem besten Freund raten?
- Was hindert mich eigentlich noch, genau das zu tun?
  Wann bin ich bereit, das »Not-wendige« zu tun?

Mache dich zum König deines Lebens!
Spiele in deinem Leben die Hauptrolle!!!

Dein Leben ist eine einmalige Melodie, die du selbst auf dem Instrument des Lebens spielst. Deine Mutter, dein Vater, deine Geschwister und Freunde, alle versuchen auf deinem Instrument ihre Melodie deines Lebens zu spielen. Aber es ist dein Leben, für das du verantwortlich bist. Ganz gleich, was für ein Lied du spielst oder spielen läßt, du trägst allein die Folgen.

Also beginne, dein Lied selbst zu bestimmen, die einmalige Melodie deines Lebens. Wenn du einmal einen falschen Ton anschlägst, dann denke daran, daß keiner, der hier ist, fehlerfrei spielt. Aber lerne aus deinen Fehlern, so daß deine Melodie immer reiner erklingt. Eine Melodie, die dir Gesundheit, Liebe, Harmonie und Freude schenkt.

Jeder Mensch, schlechthin jeder,
hat in der Welt seinen ihm – und nur ihm – bestimmten Platz.

Paul Anton de Legarde

Nicht dem Leben aus dem Weg gehen! Keinen Tag! Keiner Frage! Es ist verkehrt. Das Leben kommt dir nach und packt dich wieder; dies zweite Mal aber hinterrücks.

Gorch Fock

Alles ist eins

Am Anfang war der Wille des Einen, viele zu sein. Sein Wille tritt als Schöpfung in Erscheinung. Alles Sein ist Ausdruck seines Willens.

Das Absolute, die eine Wirklichkeit hinter dem Schein, ist ein ewiges, allgegenwärtiges, grenzenloses, unveränderliches Prinzip, über das alles Nachdenken unmöglich ist, da wir seine allumfassende Grenzenlosigkeit mit dem Werkzeug unseres begrenzten Verstandes nicht erfassen können. Wir können diese »eine Kraft« hinter allem Sein nur durch das Dasein als das Vielfältige erkennen. Jeder menschliche Ausdruck oder Vergleich könnte es nur verkleinern. Aber es gibt diese »eine Kraft«, die allem manifestierten, begrenzten Sein vorausgeht. Wir können sie die *schöpferische Urkraft* nennen, geistige Ursache allen Seins oder GOTT.

Alles, was ist, ist das Ergebnis des Wirkens dieser schöpferischen Urkraft. Daher kann es auch nichts Totes geben – alles ist organisch und lebendig. Die ganze Schöpfung ist ein lebendiger Organismus. Diese eine Kraft, die unaufhörliche Bewegung des großen Atems, erweckt den Kosmos beim Beginn einer neuen Periode mit Hilfe zweier entgegengesetzter Kräfte, schafft so die Dualität: männlich und weiblich, positiv und negativ, geistig und körperlich. Zusammen sind sie doch nur Ausdruck des Wirkens der einen Kraft. Dieses Wirken versetzt den Kosmos von der Ebene des Ideals auf die Ebene der begrenzten Manifestation und läßt das Ideal so offenbar werden.

Gott schuf nicht die Welt, Gott wurde die Welt!

Alles, was ist, war und jemals sein wird, ist ewig, denn alles hat die gleiche Grundsubstanz, ist eine Manifestation des Ewigen. Der Wissenschaftler mag diese Grundsubstanz Energie nennen, der Metaphysiker Geist, der Gläubige einfach Gott. Der Grad der Schwingung bestimmt die Art der Manifestation, und jede Änderung der Schwingung bewirkt eine Veränderung der Form der Manifestation.

Alles ist beseelt. Jede Seele ist ein untrennbarer Teil der universellen Seele der Schöpfung, die selbst wieder ein Ausdruck der einen Kraft ist. Alles Sein nimmt auf seine individuelle Reise, seine Pilgerschaft durch Raum und Zeit, einen Funken dieser göttlichen Allseele mit, ohne die es kein Sein gäbe. Alles im Kosmos hat Bewußtsein, gleich, auf welcher Ebene es in Erscheinung tritt. Es gibt keine tote Materie, ebensowenig wie es ein blindes, unbewußtes Gesetz gibt.

Nichts in dieser Welt ist Zufall, sondern alles gehorcht dem Gesetz von Ursache und Wirkung. Alles Leben ist Gesetz. Schon der Name »Kosmos« bedeutet »Ordnung« und besagt, daß alles Sein nach einem innewohnenden Schöpfungsplan gehorcht. Dieser Schöpfungsplan findet seinen Ausdruck in den Geistigen Gesetzen. Für die vielfältigen Ausdrucksmöglichkeiten des Lebens ist es notwendig, daß ein solcher Plan existiert, der das Zusammenleben regelt, denn schon ein einziger »unplanmäßiger« Zufall würde sonst die Ordnung des Universums durcheinanderbringen und das Zusammenspiel der Kräfte stören.

Ein Engel ist ohne Namen.
Aber in jeder Stunde kann es sein,
daß er deinen Namen trägt.

Albrecht Goes

So sehr verlangen wir manchmal Engel
zu werden, daß wir vergessen,
gute Menschen zu sein.

Das Gesetz der Liebe

Die Liebe ist das Grundgesetz der Kraft, die wir Gott nennen.

Wenn wir gelernt haben zu lieben und das mit der Weisheit verbinden, dann sind wir vollkommen. Solange wir auf der Erde sind, ist es unsere Aufgabe – der Sinn unseres Lebens –, lieben zu lernen. Nicht nur die Liebe zu einem Partner, sondern die allumfassende Liebe, die nichts und niemanden mehr ausschließt, um so zum Botschafter Seiner Liebe zu werden. Lieben heißt auch, seine Möglichkeiten zu nutzen, für andere Chance zu sein.

Verliebt zu sein und echte Liebe sind so verschieden wie Blüte und Frucht. Wenn es die Frucht gibt, ist die Blüte verschwunden. Liebe bedeutet verständnisvolles, bewußtes Annehmen von Unzulänglichkeiten. Liebe ist kein äußeres Tun, sondern eine grundlegende Änderung unseres Seins. Wir begegnen in der Liebe immer genau dem Partner, der uns selbst entspricht. Nur einen solchen Partner können wir nach dem Gesetz der Resonanz anziehen. Oft suchen wir nur deshalb die Liebe in einer Partnerbeziehung, weil wir unfähig sind, uns selbst zu lieben. Bewußt oder unbewußt hat jeder ein Idealbild von sich und akzeptiert daher sein Anderssein nicht. Da das Äußere nur ein Spiegelbild des Innen ist, lehnt er auch sein Äußeres ab. Aber das Idealbild ist ein Ziel. Und ein Ziel kann man nur erreichen, indem man sich auf den Weg macht.

Das Ablehnen des eigenen So-Seins entspricht unserem Gefühl, daß wir anders gemeint sind. Wir werden aber nur anders, indem wir uns ändern. Wir haben diese Chance in jedem Augenblick. Wir können sie aber nur nutzen, wenn wir uns zunächst so annehmen, wie wir sind, und uns so lieben.

Einen Menschen zu lieben heißt, sich selbst zu geben, für den anderen das Beste zu wollen und zu wünschen, ohne dafür etwas zurück zu wollen. Liebe will geben und erfüllt sich im Geben.

Liebe ist die Freude, die wir im Gedanken an oder in der Gegenwart des geliebten Menschen empfinden. Die Freude, in seiner Nähe sein zu können, sich an ihm zu erfreuen, oder mit ihm in einem gemeinsamen Tun Erfüllung zu finden.

Lieben heißt, sich zu öffnen, den anderen hereinzulassen, Anteil nehmen zu lassen an dem, was mich bewegt. Mich selbst ihm mitteilen, alles mit ihm teilen wollen. Lieben heißt, mit Freude zum Wohl des anderen und zu seiner persönlichen Entfaltung beizutragen und ganz für ihn dazusein.

Wir sagen oft: »Ich liebe Dich«, dabei meinen wir eigentlich: »Ich brauche Dich« oder: »Verlaß mich nicht«. Das zeigt nur, daß wir wirkliche Liebe noch nicht erfahren haben. Die Voraussetzung dafür ist, daß wir beginnen, uns selbst zu lieben, uns vorbehaltlos anzunehmen, so, wie wir sind, ja zu sagen zu unserem So-Sein. Das führt dazu, daß wir auch allein glücklich und zufrieden sind. Dann trifft uns auch die Kritik der anderen nicht mehr schmerzhaft, und wir sind aus der Abhängigkeit vom anderen befreit. Denn solange ich den anderen brauche, bin ich nicht wirklich frei. Haben wir uns selbst von der Angst, allein gelassen zu werden, befreit, sind wir auch fähig, unserem Partner mehr Freiheit zu geben.

Dann erst wird wahre Liebe möglich, denn Liebe kann man nicht einsperren oder festhalten. Versuchen wir es, so stirbt sie. Was bleibt, ist Gewohnheit.

Wir fühlen uns zu einem anderen hingezogen, wenn er uns gleicht, weil wir dadurch Bestätigung unseres So-Seins finden. Aber auch Gegensätze ziehen sich an, wenn sie sich ergänzen. Wir brauchen und ziehen an, was uns vollkommen macht. Man kann also sagen, die grundlegenden Ähnlichkeiten einer Beziehung bilden das Fundament, die einander ergänzenden Unterschiede die Faszination.

Verliebtheit kennt extreme Stimmungsschwankungen und Eifersucht und erscheint für Außenstehende mitunter recht egoistisch, weil sie auf der Erwiderung ihrer Gefühle besteht. Verliebtheit kann für den Geliebten sehr bedrängend, fordernd, ja sogar erstickend sein und verlangt ständige Liebesbeweise. Der Verliebte will den Geliebten besitzen, ganz für sich allein haben, ist abhängig. Solange aber in der Liebe eine Abhängigkeit in irgendeiner Form besteht, ist die Beziehung noch gestört.

In der Liebe empfinde ich den Herzenswunsch, der andere möge glücklich sein, und bin bereit, alles dafür zu tun. Ihm Zeit zu geben, wenn er Zeit braucht, Aufmerksamkeit, wenn er Aufmerksamkeit braucht, und Freiheit, wenn er Freiheit braucht. In der Liebe erwarte ich nicht unbedingte Erwiderung der Gefühle, sondern handele aus einer zärtlichen Zuneigung, aus Achtung und Respekt, ja aus Bewunderung. Ich kann neben ihm noch andere Menschen lieben und gestehe ihm das gleiche Recht zu. Ich bin emotional nicht von den Reaktionen des anderen abhängig, denn ich liebe ihn unabhängig davon, ob meine Gefühle erwidert werden.

Ist Liebe eine Kunst?

Die meisten Menschen glauben, daß Liebe eine Sache des Zufalls ist, etwas, das geschieht, wenn man eben Glück hat. Ist Lieben aber eine Kunst, dann erfordert sie Wissen um die

Zusammenhänge und die Bereitschaft, das Not-wendige zu tun.

Da ist zunächst das Problem, daß die meisten Menschen sich nur für den Teil der Liebe interessieren, den sie selbst bekommen. Sie wollen vor allem selbst geliebt werden und kümmern sich weniger um ihre eigene Liebesfähigkeit.

Viele glauben auch, es gäbe nichts zu lernen, weil die Liebe abhängig vom Objekt sei, und nicht von der eigenen Fähigkeit. Wenn mir nur der richtige Partner begegnet, dann kommt die Liebe von selbst, so glauben sie. Sie vergessen, daß Lieben Geben und Nehmen ist – und daß sie immer mit dem Geben beginnt. Darin besteht das größte Geheimnis der Liebe.

Die ideale Partnerschaft

Wohl jeder Mensch ist auf der Suche nach dem idealen Partner, und nur wenige glauben, ihn gefunden zu haben. Der ideale Partner, der Seelenpartner, ist der, durch den beide sich optimal entwickeln können. Es ist nicht nur die Verbindung zweier Menschen, sondern *zweier Seelen*, mit allen sich daraus ergebenden Konsequenzen für das Zusammenleben und die Liebe.

Meinem Seelenpartner begegne ich auf Seelenebene, jenseits von Rollen und Erwartungen. Er wird mir so zum »Tor zum inneren Paradies«, zum Weg zu meiner eigenen Ganzheit. Ihn liebe ich so, wie er ist, und nicht, wie er meiner Meinung nach sein sollte. Das Ziel der Seelenpartnerschaft ist es, ganz ich selbst zu werden und ihm dabei zu helfen, die Denk- und Gefühlsmuster aufzulösen, die uns immer wieder auf die Ebene der Erwartungen und Rollen ziehen. Mit ihm lebe ich in einer Atmosphäre von Freiheit und Vertrauen, die erst wahre Liebe ermöglichen.

Als Seelenpartner erleben wir eine Liebe, die Freiheit gibt und Weite schafft für die beiderseitige Entwicklung. Sie ist ein Weg, die eigene Wahrheit zu finden und ihr zu folgen. Freiheit ist auch möglich ohne die Liebe eines Partners, Liebe aber ist ohne Freiheit nicht möglich. Das heißt nicht nur, dem anderen jede Freiheit zu lassen, sondern auch selbst frei zu bleiben, ohne den anderen zu brauchen. Erst dann bin ich bei ihm, weil ich will, und nicht, weil ich muß!

Ein Mann suchte sein ganzes Leben lang nach der idealen Partnerin. Er wurde reich und berühmt, aber blieb allein. Als er alt war, fragte ihn ein Reporter, ob seine Suche keinen Erfolg gehabt habe, und er sagte: »Doch, ich habe sie gefunden. Als ich dreißig Jahre war, bin ich ihr begegnet. Aber leider suchte auch sie nach dem idealen Partner!«

So wie diesem Mann geht es vielen von uns. Wir sind auf der Suche nach dem idealen Partner und übersehen dabei, daß wir nach dem Gesetz der Resonanz den idealen Partner ja erst dann anziehen können, wenn wir selbst zum idealen Partner geworden sind. Somit ist der Partner, mit dem wir derzeit zusammen sind, genau der ideale Partner, weil er uns genau mit den Lektionen konfrontiert, die wir noch zu lernen haben, um wirklich ein idealer Partner zu sein.

Und wir machen einen weiteren Fehler. Wir suchen nach der Liebe im Außen – wir wollen geliebt werden. Unbewußt sehnen wir uns nach der Situation unserer Kindheit, als wir so geliebt wurden, wie wir waren. Wir wurden umsorgt und fühlten uns geborgen. Verständlich, daß wir dieses Gefühl des Geliebtseins und der Geborgenheit weiter erleben möchten. Doch ich kann nur so viel Liebe bekommen, wie ich selbst gebe. Die Mutterliebe war ein »Vorschuß« des Lebens, den ich als Erwachsener zurückzahlen muß, denn ich kann nur ernten, was ich gesät habe. Liebe ist wie eine einsame Berghütte; man findet nur vor, was man mitbringt. Beenden wir also den Fehler, uns nur für den Teil der Liebe zu interessieren, den wir bekommen, und fangen wir an, selbst Liebe zu geben, uns im Lieben zu erfüllen, selbst echte Liebende zu werden.

Manche Menschen aber haben Angst vor der Einsamkeit. Sie fühlen sich ohne Partner nicht lebensfähig; sie sind unfähig, allein glücklich zu sein, und hoffen, daß ihre Einsamkeit verschwindet, wenn sie mit einem anderen leben. Zwei unglückliche Menschen werden aber nicht allein dadurch glücklich, daß sie zusammen sind. Zumal dann die Angst dazukommt, den anderen wieder zu verlieren. Angst ist keine Grundlage für wirkliche Liebe.

Alleinsein ist eine Aufgabe, die sich jedem Menschen irgendwann einmal stellt, vor der er nicht weglaufen kann, die er lösen muß. Das heißt nicht, Eremit oder Eigenbrötler zu sein. Dieses Alleinsein ist auch keine quälende Einsamkeit oder Isolation. Wenn ich die Kunst des Alleinseins beherrsche, dann bedeutet das ein hellwaches Selbst-bewußtsein, ein All-eins-sein. In diesem Bewußtsein bin ich den anderen und damit dem Ganzen auf eine intensive und tiefe Art verbunden, die nicht aus dem Denken kommt, sondern alle Bereiche des Seins umfaßt. Dann erst bin ich autonom. Dann erst wird wahre Liebe möglich.

Dem idealen Partner aber kann ich erst begegnen, wenn ich selbst ein idealer Partner geworden bin. Meiner großen Liebe kann ich erst begegnen, wenn ich sie in mir gefunden habe. Dann brauche ich sie im Außen zwar nicht mehr, aber erst dadurch mache ich sie möglich, ziehe ich sie nach dem Resonanzgesetz an.

Der Sinn einer Partnerschaft ist, daß mich der andere mit meinem Mangel konfrontiert. Daß er mir zeigt, wo ich noch nicht ganz heil bin. Die Auseinandersetzung mit dem anderen, bei dem ich bleibe, weil ich ihn liebe, soll mich also letztlich zu mir selbst führen. So ist der Partner, den ich habe, der ideale Partner für mich. Und ich für ihn. Gemeinsam sind wir auf dem Weg zu uns selbst.

Das große Glück finde ich nicht dadurch, daß ich möglichst viel Liebe von meinem Partner bekomme, sondern dadurch, daß ich meine eigene Fähigkeit optimiere, Liebe zu empfinden und zu verschenken. Solange ich selbst nicht liebe, bleibt meine Seele leer. Das Ziel einer Partnerschaft ist daher nicht das liebevoll turtelnde Paar, das ohne den anderen nicht leben kann, sondern im Idealfall zwei Menschen, die miteinander und aneinander »heil« geworden sind. Die sich daher nicht mehr brauchen, weil jeder alle Aspekte des anderen in sich aufgenommen hat.

Schritte auf dem Weg zur wahren Liebe

Der erste Schritt auf dem Weg zur wahren Liebe besteht darin, mich dem anderen bedingungslos zuzuwenden und aus dieser Zuwendung soviel Befriedigung und Glück zu erleben, daß ich nicht mehr danach frage, was ich bekomme. Bekomme ich etwas, ist es ein zusätzliches Geschenk.

Will ich in der Liebe glücklich werden, muß ich zwei Dinge auflösen: die Angst, nicht genug geliebt zu werden; das Verlangen, den anderen besitzen zu wollen. Denn wer Angst hat und besitzen will, wird letztlich alles verlieren.

Soll meine Liebe Bestand haben, benötigt sie zwei Voraussetzungen:

- Bewunderung
- Eine gemeinsame Aufgabe, die beide begeistert
- Verständnis

Will ich aber der wahren Liebe begegnen, muß ich zuerst Gott im Menschen erkennen – und zwar in *allen* Menschen. Denn die wahre Liebe ist grenzenlos. Ich kann nicht den einen lieben und den anderen von meiner Liebe ausschließen.

Wahre Liebe ist also nicht meine Beziehung zu einem Gegenüber, sondern Liebe existiert ohne Gegenüber. Liebe ist einfach, durchdringt und erfüllt mich. Erst aus dieser tiefen inneren Durchdringung und dem Erkennen des Göttlichen in allem entsteht die »All-Liebe«, die nichts mehr ausschließt. Diese wahre Liebe ist das Einschwingen in das göttliche Einssein mit dem Einen in allem.

Ich muß nicht lernen zu lieben, sondern ich muß nur zulassen, daß die Liebe, die meine innere Wirklichkeit ist, frei fließen kann. Es gilt nur, die Blockaden und Hindernisse aufzulösen, damit Liebe in mir geschehen kann und als Leben in Erscheinung tritt.

Wenn ich wirklich lebe, dann geschieht Liebe durch mich.

Liebe ist unser eigentliches Sein. Deshalb brauchen und können wir sie gar nicht lernen, wir brauchen sie nur zuzulassen. Ich komme zur Liebe, indem ich mehr ich selbst bin, indem ich wieder »zu mir komme«, wie ein Bewußtloser, der wieder zu sich kommt. Das geschieht, indem ich aufhöre, ständig anders sein zu wollen. Indem ich aufhöre, ein Ideal verwirklichen zu wollen, sondern erkenne, daß ich genau so gemeint bin, wie ich bin, und daß ich nur so meinen Platz ausfüllen kann, meine Aufgabe optimal lösen kann. Ich muß mich nicht verändern, sondern meine Aufgabe ist es, nur ich selbst zu sein. Dazu gehört auch, daß ich erkenne, daß die inneren Bilder, die mein Leben bestimmen, nicht von mir sind. Erst wenn ich mich von den Vorstellungen der anderen getrennt habe, kann ich anfangen, wirklich mein Leben zu leben. Dann erst kann ich mein So-Sein annehmen und bejahen. Dann erst kann ich mich wirklich lieben, und ich bin dadurch fähig, auch einen anderen zu lieben.

Dann muß ich niemanden mehr ausschließen. Dann bin ich ein Liebender geworden.

Für den Menschen gibt es nur die eine Wahrheit: die, die aus ihm einen Menschen macht.

Antoine de Saint-Exupéry

Sich selbst hinzugeben, ist Anfang und Ende aller Lebenslehre.

Johan Huizinga

Das Gesetz der Harmonie

Dieses wichtige Gesetz gleicht die verschiedenartigen Wirkungen aus und sorgt so dafür, daß die Harmonie stets erhalten bleibt oder zumindest schnell wiederhergestellt wird. Aus ihm lassen sich alle anderen Geistigen Gesetze direkt ableiten – sie sind in ihm enthalten. Das Gesetz der Harmonie sorgt auch dafür, daß die verschiedenen Wirkungen der Geistigen Gesetze letztlich wieder zur Harmonie führen.

»Jedes eine bedingt auch das andere«: – Wo viel Licht ist, da ist auch viel Schatten. Oder: Wer nimmt, dem wird genommen, und wer gibt, dem wird gegeben. Hier ist also zu unterscheiden zwischen Nehmen und Annehmen!

Dieses Gesetz ist in der ganzen Schöpfung wirksam und sichtbar. Ebenso in der Wechselwirkung von Tag und Nacht, wie im Schwung des Pendels einer Uhr. Es bewirkt, daß jede extreme Haltung nur bis zu einem gewissen Punkt geführt werden kann, bevor eine Reaktion einsetzen muß, die den Ausgleich und damit die Harmonie wiederherstellt.

Dieses Gesetz zeigt sich nicht nur in Form von Naturereignissen, sondern ebenso in unserem täglichen Leben, in allem, was uns begegnet und widerfährt: in der Partnerschaft, im Beruf, in Krankheit und Leid ebenso wie in Gesundheit und Glück. Wo immer ein Mensch eigenwillig die Harmonie stört, führt das Gesetz unweigerlich wieder den Ausgleich herbei. Ein erster Schritt zur Harmonie ist es daher, sich so zu verhalten, daß wir Achtung vor uns selbst haben und uns in uns wohl fühlen können.

Die Kahunas, die Priester Polynesiens, haben das Gesetz der Harmonie in dem Gebot zusammengefaßt: »Verletze niemanden. Störe nicht die Harmonie eines anderen, denn der andere bist du selbst«.

Das beinhaltet natürlich auch, sich selbst nicht zu verletzen, beispielsweise durch Selbstvorwürfe oder Schuldgefühle. Es beinhaltet auch, die Wahrheit nicht zu verletzen, nicht einmal durch die kleinste Unehrlichkeit. Und: alle selbstbezogene Eigenwilligkeit loszulassen, um nicht damit immer wieder die Harmonie der Schöpfung zu stören.

Es geht darum zu erkennen, wer ich wirklich bin: ein individualisierter Teil des einen, allumfassenden Bewußtseins, der durch sein Leben ein Teil zur Symphonie der Schöpfung beiträgt.

Jeder Mensch bestimmt das Schicksal der Welt.

Alt ist man, wenn man an der Vergangenheit mehr Freude hat als an der Zukunft.

John Knittel

Das Gesetz der Evolution

Das Gesetz der Evolution besagt, daß sich alles ständig verändert. *Panta rei*, sagen die Griechen: Alles fließt. Die ganze Ordnung in der Natur, ja im gesamten Kosmos weist auf eine fortschreitende Entwicklung hin, auf ein höheres Sein. So gibt es keine zwei Dinge, Wesen oder Erscheinungen im gesamten Universum, die absolut identisch sind. Alles ist einmalig, auch dieser Augenblick. Er war noch nie und wird nie wieder sein. Die ganze Schöpfung ist eine ewige Premiere.

Das Gesetz der Evolution beinhaltet das Prinzip der Unbeständigkeit. Nichts kann so bleiben, wie es gerade ist. Nichts kann ich festhalten, denn alles, was beginnt, endet auch. Es trägt beim Beginn schon das Ende in sich, ist aber gleichzeitig der Anfang von etwas Neuem, das ebenfalls enden wird, um Neues hervorzubringen, und ist damit ewig. Denn auch das Gegenteil der Aussage ist richtig. Wenn alles, was beginnt, auch endet, dann hat das, was keinen Anfang hat, auch kein Ende: die eine Kraft, das Leben, das Sein!

Das ewige Sein, obwohl ständig im Wandel, kann weder

vermehrt noch vermindert werden – es ist. Es wandelt seine Form, seinen Ausdruck und ist doch unwandelbar. Alles, was ist, ist aus dem »Einen« gemacht, und das »Eine« ist in allem. Alles ist ein Teil des »Einen« und ist doch stets ein Ganzes.

Die Erinnerung
ist das einzige Paradies, aus dem wir nicht vertrieben werden können.

Jean Paul

Die Zeit ist eine große Meisterin.
Sie ordnet viele Dinge.

Pierre Corneille

Das Gesetz der Schwingung

Dieses Gesetz besagt: Alles bewegt sich, nichts steht still, alles befindet sich in Schwingung. Energie und Materie sind nur Manifestationen von Schwingungen unterschiedlicher Frequenz. Selbst in der scheinbar so festen Materie sind die Moleküle in ständiger Schwingung. Genau so ist es bei Licht, Wärme oder Energie.

Jeder Gedanke, jedes Gefühl, jeder Wunsch oder Wille ist begleitet von Schwingungen unterschiedlicher Frequenz und wirken so entsprechend ihrer Kraft und ihres Inhalts. Ebenso wirkt alles auf mich, was ich wahrnehme oder mir vorstelle.

Ein Mann, der morgens in die Stadt zur Arbeit fährt und abends wieder nach Hause zurückkommt, wird »Pendler« genannt. Auch er »schwingt« mit einer Frequenz von »einmal pro Tag«. Das ist seine individuelle Eigenfrequenz. Gleichzeitig aber schlägt sein Herz mit einer Schwingung von siebzigmal pro Minute. Sein Bewußtsein hat eine andere Schwingung als seine Gedanken oder Gefühle. Die haben wiederum eine ganz andere Schwingung als die Atome, aus denen sich sein Organismus zusammensetzt. Wir haben es also nicht nur mit jeweils einer Schwingung zu tun, sondern alles bewegt sich gleichzeitig in einer Vielzahl verschiedener Schwingungen, die wiederum ein individuelles und einmaliges Ganzes bilden.

Nichts schwingt nicht, und nichts schwingt nur in einer Schwingung. Alles beeinflußt und wird beeinflußt. Nichts kann nicht beeinflussen. Jede Schwingung ist somit auch eine Ursache und gleichzeitig eine Wirkung einer vorangegangenen Ursache. Jeder Schwingung entspricht ein Ton, eine Farbe, eine Form usw. So kann es in dieser Welt auch nicht völlige Ruhe geben, denn alles schwingt, bewegt sich – lebt!

Was da schwingt, nennen der Wissenschaftler *Energie*, der Metaphysiker *Geist* und der Gläubige *Gott*. Doch gleich, welchen Namen wir dieser Wirklichkeit geben, sie ist, und ihre Schwingungsfrequenz bestimmt die Form der Manifestation, die letztlich immer ein Ausdruck der einen Kraft ist.

Um uns die Ausdrucksformen der verschiedenen Schwingungen bewußt zu machen, stellen wir uns ein Rad vor, das sich ganz langsam um seine Achse dreht. Wir sehen die Bewegung, aber nichts ist zu hören. Nun steigert sich die Geschwindigkeit der Umdrehung, und wir hören ein tiefes Brummen. Mit steigender Geschwindigkeit nehmen wir so immer höhere Töne wahr, bis wir schließlich keinen Ton mehr hören können. Die Geschwindigkeit steigt weiter, und wir registrieren eine immer stärker ansteigende Hitze. Bei ständig steigender Geschwindigkeit erkennen wir ein dunkles Rot, das heller wird, schließlich zu Orange wird, dann in Gelb übergeht, in Grün, Blau, Lila und schließlich Violett. Die Geschwindigkeit steigt weiter, und auch das Violett löst sich auf; unsichtbare Strahlen werden von dem Objekt ausgesandt. Mit weiter steigender Geschwindigkeit werden Elektrizität und Magnetismus ausgestrahlt, und schließlich spalten sich die Moleküle und wandeln sich in die ursprünglichen Atome. Dann lösen sich auch die Atome auf in ihre verschiedenen Teilchen, und schließlich lösen sich auch diese Teilchen auf in feinstoffliche Substanz.

Wird die Frequenz weiter gesteigert – das ursprüngliche materielle Objekt hat sich längst aufgelöst – steigert sich die Schwingung weiter, bis sie wieder eintritt in das Absolute, die letzte Wirklichkeit hinter allem Sein. In GOTT.

Was ist Energie?

Wir alle haben Energie, sonst könnten wir nicht leben. Diese Energie kann sich als körperliche Kraft zeigen, als Gesundheit oder als Ausstrahlung. Wir können mit unserer Energie andere regelrecht mitreißen.

Das Wort »Energie« kommt aus dem Griechischen und heißt »wirkende Kraft«. Die Physik definiert Energie als Kraft mal Weg. Wir verbrauchen Energie, ob wir nun arbeiten, spazierengehen oder ruhen. Sogar unser Denken verbraucht Energie.

Energie kann weder erzeugt noch vernichtet werden, sondern nur von einer Form in die andere umgewandelt. Elektrische Energie kann in Licht oder Wärme umgewandelt werden. Nach Albert Einstein kann auch Materie in Energie und Energie in Materie umgewandelt werden, da Materie nur eine besondere Erscheinungsform von Energie ist.

Alles, was auf der Erde lebt, bezieht seine Energic von der Sonne. Die Pflanzen speichern die Sonnenenergie als chemische Energie, die von Menschen und Tieren aufgenommen wird. Jede unserer Zellen besitzt dafür regelrechte »Energiekraftwerke«, die Metochondrien. Hier wird die Nahrung mit Hilfe von Sauerstoff in ihre Bestandteile zerlegt und die darin gespeicherte Energie freigesetzt. Einen Teil dieser Energie braucht der Körper zu seiner Regeneration; den Rest spüren wir als Kraft oder Körperwärme. Wird diese Energie wie beim Laser auf ein Ziel gerichtet, vervielfacht sich diese Kraft. So kann ein Mensch, der seine ganze Energie auf ein Ziel konzentriert, nahezu alles erreichen.

Denken ist das Bewegen geistiger Energie. Beharrlich bewegte Energie wird sichtbar. Jeder Gedanke hat eine biochemische und eine bioelektrische Wirkung.

Wir denken etwa 15000 Gedanken am Tag. Die meisten sind unwichtig, viele davon sogar negativ. Aus Gedanken aber entstehen Taten. Auf negative Gedanken folgen negative Handlungen. Wenn wir die Richtung unserer Gedanken ändern, ändern wir unser ganzes Leben.

Wir können uns die sofortigen biochemischen und bioelektrischen Wirkungen eines Gedankens vor Augen führen, wenn wir uns einmal bildhaft vorstellen, wir würden in eine Zitrone beißen. Schneiden wir sie in zwei Hälften, beißen wir herzhaft hinein – und sofort produziert das Unterbewußtsein mehr Speichel, damit die vermeintliche Zitronensäure im Mund verdünnt wird. Unser Körper reagiert sofort auf jeden Gedanken mit einer Vielzahl körperlicher und gefühlsmäßiger Reaktionen.

Wir müssen daher lernen, Gedankendisziplin zu halten, denn sie ist die Voraussetzung für richtiges, bewußtes Tun.

Je höher die Energie ist, die wir bewegen, desto schädlicher sind auch die Folgen, wenn wir sie – bewußt oder unachtsam – falsch einsetzen. Macht der Botenjunge in einem Konzern einen Fehler, bekommt er von seinem Vorgesetzten einen Tadel. Macht aber der Generaldirektor einen Fehler, wackelt sein Stuhl.

Das Unterbewußtsein denkt, die Gedanken seien identisch mit dem Wunsch. So läßt es in Erscheinung treten, was immer wir denken, so wie der Acker hervorbringt, was immer der Bauer sät.

Alles, was ist, ist in Wirklichkeit verdichteter Geist. Die ganze Schöpfung ist ein Produkt dieses einen Geistes, eine Manifestation seines Gedankens.

Das Wesentliche an allem Materiellen ist also das Immaterielle, die geistige Struktur, die man beim Menschen Bewußtsein nennt. Wir alle sind von unserem wahren Wesen her reines Bewußtsein. Da wir denken können, sind wir aufgerufen, als Verantwortliche die Schöpfung mitzugestalten.

Dieser eine Geist, den wir Gott nennen, wirkt durch uns alle. Die Schöpfung ist vollkommen, aber nicht vollendet, und geschieht ständig – durch uns. Mit jedem unserer Gedanken verändern wir die Schöpfung. Solange wir nur auf die äußere Form schauen, sehen wir keine Gemeinsamkeit. Erst wenn wir an die Ursubstanz denken, aus der alles geschaffen ist, erkennen wir das eine hinter der Vielfalt.

Schon das Wort »Substanz« gibt uns wertvolle Hinweise. Es kommt von: »sub« = unter und »stare« = stehen. Substanz ist daher etwas, das etwas anderem, Wirklicherem untersteht. Diese wirkliche Substanz ist es, aus der alles geschaffen ist, was in »Er-scheinung« getreten ist. Diese wahre Substanz steht uns überall zur Verfügung und ist bereit, in jeder gewünschten Form in »Erscheinung« zu treten, *sobald* ein Schöpfer sie prägt. Die Form, die wir unseren Gedanken geben, prägt diese eine Substanz und läßt sie in »Erscheinung« treten. Das Leben sagt immer nur JA!!!

Warum also sagen wir dem Leben nicht, was es hervorbringen soll? Was immer ein Schöpfer denkt, muß in Erscheinung treten. Der Glaube aktiviert die schöpferische Kraft in uns und zwingt die Energie, die gewünschte Form anzunehmen.

Alles, was ich denken kann, kann ich auch erreichen.

Was mir Grenzen setzt, sind immer nur mein Denken und mein Glaube. Indem ich mich öffne, mein Denken und meinen Glauben weit werden lasse, hebe ich diese Grenzen auf – und alles wird möglich. Das Wort »unmöglich« kann ich dann aus meinem Sprachschatz streichen.

Der Mensch unterscheidet sich von anderen Lebewesen durch die Fähigkeit zu denken. Durch seine Gedanken kann der Mensch Energie und Tätigkeit setzen.

Alle Materie entsteht und besteht nur durch eine Kraft, welche die Atome in Schwingung bringt und sie zusammenhält. Wir müssen hinter dieser Kraft einen unbewußten

Geist annehmen. Dieser Geist ist der Urgrund aller Materie. Nicht sichtbare, aber vergängliche Materie ist das Wirkliche, Wahre, sondern der Geist dahinter ist die Wahrheit und Wirklichkeit.

Materie ist Energie, und Energie ist nichts anderes als die Tätigkeit des einen bewußten Geistes.

Ein Baum ohne Krone
wird nicht vom Wind geschüttelt.
Aus Togo

Das Gesetz der Polarität

Dieses Gesetz besagt, daß alles, was ist, zwei Pole hat, in Wirklichkeit aber *eins* ist. Alle scheinbaren Gegensätze sind ihrem Wesen nach identisch, nur verschieden im Grad ihres Ausdrucks. Glück und Unglück, Liebe und Haß sind in Wahrheit die beiden Pole der gleichen Sache. Jede Erscheinung auf dieser Welt hat zwei Seiten. Der zwischen diesen beiden Seiten liegende Bereich aber ist eins.

Sobald wir zur »EIN-SICHT« kommen, erkennen wir das eine zwischen den beiden Polen; die scheinbare Dualität verschwindet, und wir sind wieder im »EIN-KLANG« mit uns, dem Leben, der ganzen Schöpfung.

Wir erkennen das ganz leicht, wenn wir unser Bewußtsein auf die Gegensätze »kalt – heiß« richten. Nehmen wir an, draußen sind 20 Grad. Sie werden das vielleicht als weder kalt noch warm empfinden, sondern als angenehm. Ein Bewohner Zentralafrikas mag das als kalt empfinden, ein Eskimo als heiß. Und doch ist es weder das eine noch das andere.

Weil die Gegensätze ihrer wahren Natur nach eins sind, können wir sie jederzeit in ihr Gegenteil verwandeln. Haß kann so in Liebe umgewandelt werden. Ich brauche nur meinen Standort zu verändern – und alle Dinge ändern sich. Ich kann Angst in Mut umwandeln und Dunkelheit in Licht. Indem ich die Schwingung meines Bewußtseins verändere, ändere ich meinen »Standort«. Durch die Anwendung geistiger Techniken kann ich einem Menschen helfen, seine Schwäche in Stärke umzuwandeln. Dies vollzieht sich, indem er seine Bewußtseinsschwingung erhöht, denn der positive Pol hat stets eine höhere Schwingung. Durch die Erhöhung unserer Bewußtseinsschwingung verändern wir aber nicht nur uns selbst, sondern auch unser ganzes Leben, da wir ja dann, nach dem Gesetz der Resonanz andere Ereignisse, Personen und Lebensumstände anziehen.

Indem wir die Schwingung unseres Bewußtseins erhöhen, verändern wir aber auch die Menschen, denen wir begegnen. Denn nach dem Gesetz der Resonanz stoßen wir auch in ihnen neue Bereiche an, die dadurch aktiviert werden. Wir wecken dadurch in ihnen Kräfte und Fähigkeiten, von deren Existenz sie bisher nichts wußten. Wir »wecken« so im wahrsten Sinn des Wortes das Gute im Menschen. Wir werden so selbst zum »Medikament« für den anderen – und ein Segen für die Welt.

Wer sich geistig zu einer höheren Bewußtseinsebene schwingt, verursacht damit natürlich eine entsprechende Gegenreaktion auf der niederen Bewußtseinsebene. Hält er sich jedoch weiter auf der höheren Ebene auf, kann ihn diese Gegenreaktion nicht erreichen. Dabei »ent-wickeln« wir uns zielstrebig vom »Ich-Pol« zum »Ich bin-Pol«, zu unserem wahren Sein. Wir erkennen, während wir zur EIN-SICHT kommen, daß nicht die Welt polar ist, sondern nur unser Bewußtsein. Indem ich mein Bewußtsein ändere, verändere ich meine Welt. Durch bewußte und gezielte Erhöhung der Schwingung Ihres Bewußtseins werden Sie ebenso Herr Ihrer Schwingungen wie Ihrer Gesundheit, Ihrer Lebensumstände und damit Ihres Schicksals. Sie haben Ihr Geistiges Erbe in Besitz genommen.

Das Lächeln, das du aussendest,
kehrt zu dir zurück.
Aus Indien

Das Gesetz des Rhythmus

Alles Sein hat seinen individuellen Rhythmus, es steigt und fällt. Alles hat seine Gezeiten. Das Ausmaß des Pendelschwungs nach rechts entspricht dem nach links. Jedes Extrem wird durch einen Gegenschwung zum Ausgleich gebracht.

Das Gesetz des Rhythmus findet seinen Ausdruck überall in der Schöpfung. Die Nacht folgt dem Tag und umgekehrt. Dem Werden folgt das Vergehen, das wiederum ein neues Werden hervorbringt. Jedes kleinste Teilchen hat seinen individuellen Rhythmus. Alles Sein ist ein regelmäßiges Hin und Her, ein Vor- und Zurückströmen. Diese regelmäßigen Bewegungen erfolgen zwischen den beiden Polen; deshalb ist das Gesetz des Rhythmus eng verbunden mit dem Gesetz der Polarität.

Dieses Gesetz tritt in Erscheinung auch im Entstehen und Vergehen ganzer Kulturen, ebenso wie im geistig-seelischen Zustand des Menschen. Daher sollte jeder versuchen, seinen individuellen Rhythmus zu finden und nicht gegen ihn leben. So können wir uns vom Aufschwung unseres Rhythmus vorwärts tragen lassen. Phasen der Aktivität wechseln mit Phasen der Ruhe und Entspannung und ergeben gemeinsam Harmonie. Indem wir uns vom Aufschwung unseres Rhythmus in ein höheres Bewußtsein tragen lassen und dort bleiben, nehmen wir am unausweichlichen Gegenschwung nicht teil und können uns von der Welle des nächsten Aufschwunges noch höher tragen lassen.

Dieses Gesetz bestätigt dem Menschen seine ewige Existenz. Ganz gleich, wo er steht: Er bewegt sich zwischen Geburt, Tod und Wiedergeburt, denn Leben ist ewig.

Das Leben ist ein einziges Werden.
Sich für geworden halten,
das heißt sich töten.

Friedrich Hebbel

Das Gesetz der Entsprechung

Das Gesetz der Entsprechung oder Analogie sagt: »Wie oben, so unten, wie unten, so oben. Wie im Kleinsten, so im Größten. Wie innen, so außen.« Damit sagt das Gesetz auch, daß ein bestimmter Inhalt auch immer eine bestimmte Form haben muß – Inhalt und Form sind identisch.

Habe ich Bewußtsein, dann hat auch jede Zelle Bewußtsein, jedes Sonnensystem, das ganze Universum. Alles, was ist, hat seine Entsprechung auf allen Ebenen des Seins. Indem ich mich mit einer Ebene befasse und sie erkenne, erkenne ich alle anderen Ebenen, da sie ihr entsprechen. Der Mensch als Mikrokosmos ist ein genaues Abbild des Makrokosmos. Denn wir sind nach dem Ebenbild Gottes geschaffen.

Dieses Gesetz hat Gültigkeit vom Kleinsten – dem Magnetismus, elektrischen Teilchen, Atomen, Molekülen, biologischen Zellen, Organen und Organismen – bis zum Größten, den Weltenkörpern, Sonnensystemen, Milchstraßensystemen und letztlich dem ganzen Universum. Und das gilt genau so für die feinstofflichen und geistigen Ebenen.

Hier der Versuch einer »Weltenformel«:

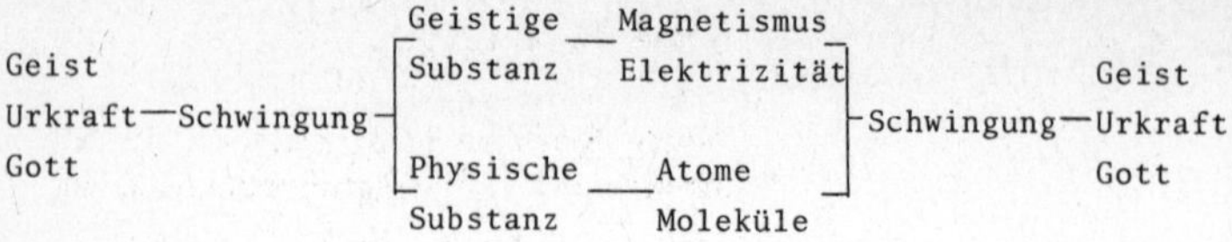

Interessant, wie HERMES TREMEGISTOS, der Weise des Altertums, dieses Gesetz formuliert: »Dasjenige, was unten ist, ist gleich dem, welches oben ist, und dasjenige, welches oben ist, ist gleich demjenigen, welches unten ist, um zu vollbringen das Wunderwerk eines einzigen.«

Jede Gabe ist eine Aufgabe.
Käthe Kollwitz

Einen Menschen lieben heißt,
ihn so zu sehen, wie Gott ihn gemeint hat.
Fjodor M. Dostojewski

Das Gesetz der Resonanz

Gleiches zieht Gleiches an und wird durch Gleiches verstärkt. Ungleiches stößt einander ab. Das Stärkere bestimmt das Schwächere und gleicht es sich an. Jeder kann nur das anziehen, was seiner derzeitigen Schwingung entspricht. Angst zieht also das an, was wir befürchten. Unser Verhalten bestimmt unsere Verhältnisse.

Wenn Sie auf einem Klavier eine Saite anschlagen, so beginnen alle jene Saiten mitzuschwingen, die einen Oberton dieser Saite darstellen, also gleichartig sind. So wird jeder Körper von allen Klängen in Schwingung versetzt, die auf seiner Eigenfrequenz liegen. Dies gilt jedoch nicht nur im Bereich der physikalischen Körper, sondern ganz besonders für den Bereich des seelischen Erlebens, in dem wir Energien, Schwingungen und Stimmungen aufnehmen, für die wir empfänglich sind. Körper oder Seelen nehmen also verwandte Schwingungen auf und stimmen in die Klänge ihrer Umgebung ein.

Das Gesetz der Resonanz ist das Gesetz der Übertragung von Energie. Denn jede Schwingung überträgt die in ihr wirkende Energie auf jeden gleichschwingenden Körper.

Gleichgestimmte Körper und Seelen verstärken dadurch gegenseitig ihre eigene Schwingung und damit die ihnen wesensgleiche Energie. Je nach unserem Gestimmtsein sind so positive wie negative Beeinflussungen möglich. Alle Massenbewegungen beruhen auf der Wirkung des Resonanzgesetzes.

Es liegt jedoch in der Freiheit unserer Wahl, welchen Schwingungen wir uns öffnen, welchen wir uns verschließen, welche wir verstärken oder reduzieren. Darauf beruht die Wirkung des Mantras und der heiligen Gesänge: Wir schwingen uns durch das Singen auf die innewohnende Energie ein und lassen sie in uns wirken. Durch das Einschwingen auf diese hohen Schwingungen können wir in uns Bereiche aktivieren, die bisher zwar latent vorhanden, aber nicht wirksam waren.

So bringt uns die Intonation des Urlautes der Schöpfung, das Wort OM, in Resonanz mit der Schwingung des Höchsten in uns.

Jeder Mensch kann immer nur jene Bereiche der Wirklichkeit wahrnehmen, für die er Resonanzfähigkeit besitzt. Das gilt nicht nur für den Bereich der sinnlichen Wahrnehmung, sondern für die Wahrnehmung der gesamten Wirklichkeit. Was außerhalb seiner Resonanzfähigkeit liegt, wird von dem Menschen nicht wahrgenommen. Es existiert für ihn nicht, ist aber natürlich trotzdem vorhanden. Obwohl wir wissen, daß wir mit unseren physischen Augen nur 8 Prozent des vorhandenen Lichtspektrums sehen können, neigen wir dazu, die übrigen 92 Prozent der Wirklichkeit als nicht vorhanden anzusehen, nur weil wir sie nicht wahrnehmen können.

So werden von uns Menschen mit einer ähnlichen Einstellung ebenso angezogen wie von unserem Denken und Fühlen gemäßen Lebensumständen und Ereignissen. Wird jemand in einen Unfall verwickelt oder gerät in eine Schlägerei, dann niemals zufällig, sondern immer aufgrund der eigenen Affinität zu einem solchen Ereignis. Ohne diese Affinität hätte ein solches Ereignis sich niemals als Erlebnis für ihn manifestieren können.

Der Mensch ist in der Lage, neutrale kosmische Elektronenenergie, die überall vorhanden ist, aufzunehmen, sie mit beliebigen Gedanken oder Gefühlsenergien zu prägen und so die selbst geschaffene Schwingungsfrequenz abzustrahlen. Diese so bewußt oder unbewußt ausgestrahlte Energie zieht entsprechende Ereignisse an und bringt sie als Lebensumstände oder Erlebnisse in seinen Erfahrungsbereich zurück. Unser Denken und Fühlen ist ein »unsichtbarer Magnet«, der alles unaufhörlich anzieht, was in der Welt mit ihm übereinstimmt.

Die vorherrschenden Gedanken, Gefühle und Neigungen eines Menschen bestimmen seine geistige Atmosphäre und schaffen so eine Aura des Erfolges oder des Mißerfolges um ihn. Dieses »gewisse Etwas« eines Menschen kann jeder fühlen, und er reagiert darauf mit Sympathie oder Ablehnung. Wie man ein Krankenzimmer durch entsprechende Desinfektionsmittel von Krankheitskeimen befreit, so kann man die geistige Atmosphäre eines Raumes durch bewußte positive Ausstrahlung »bereinigen«.

Wenn mich etwas ärgert, kränkt, beleidigt oder verletzt, dann nicht wegen des Verhaltens der anderen; das ist nur der Auslöser. Die Ursache liegt in mir, weil etwas von dem Verhalten des anderen – noch – in mir ist und durch sein Verhalten nur in Resonanz versetzt wird. Es ist daher nicht sinnvoll, mich über sein Verhalten zu ärgern. Sehr viel sinnvoller ist es, diese Eigenschaft in mir aufzulösen, damit sie bei nächster Gelegenheit nicht wieder in Resonanz versetzt werden kann. Gelingt das, bin ich frei von ihr.

Obwohl jeder Mensch nur eine begrenzte Resonanzfähigkeit besitzt, glaubt jeder, die gesamte Wirklichkeit wahrzunehmen. Liest jemand ein Buch, glaubt er das ganze Buch aufgenommen zu haben. Liest er das gleiche Buch jedoch

Jahre später wieder, wird er oft ganz andere Dinge daraus entnehmen. Da sich inzwischen sein Bewußtsein und damit seine Resonanzfähigkeit erweitert haben, kann er einen größeren Teil der Wirklichkeit erfassen. Es ist möglich, daß es ihm in einigen Jahren wieder so geht. Dann kann er das Buch vielleicht noch besser oder tiefer verstehen.

Durch unsere spezielle Resonanzfähigkeit erleben wir auch immer wieder einmal sonderbare »Zufälle«. Ein Musiker wird so immer wieder einmal zufällig auf der Straße einen anderen Musiker kennenlernen. Ein Wissenschaftler wird »zufällig« in einer Zeitung, die er auf einer Parkbank findet, einen Artikel seines Spezialgebietes finden. Sobald wir innerlich für eine bestimmte Erfahrung oder Begegnung reif sind, richten wir uns geistig auf eine solche Erfahrung aus, und das entsprechende Erlebnis wird uns durch das Gesetz des Schicksals zugeführt. Sind wir jedoch für ein solches Erlebnis noch nicht bereit, so wird uns auch angestrengtes Wollen und Bemühen nicht weiterbringen.

Da jeder Mensch, bedingt durch seine unterschiedliche Resonanzfähigkeit, einen anderen Teil der Wirklichkeit wahrnimmt, lebt jeder von uns in einer anderen Welt. Durch seine Resonanzfähigkeit erschafft er sich seine eigene Welt. Diese Welt hat noch niemand außer ihm je gesehen, und in dieser Welt lebt er völlig allein.

Ein Beispiel: Nehmen wir einmal an, Sie haben ein Radio, das im Sendebereich auf UKW eingestellt ist. Die anderen Einstellungsmöglichkeiten kennen Sie gar nicht. Sie können nun die ganze Bandbreite des Empfanges durchprobieren. Sie werden stets nur Programme empfangen, die auf UKW ausgestrahlt werden. Ihr Freund aber hat das gleiche Radio, das jedoch auf Mittelwelle eingestellt ist. Nun unterhalten Sie sich mit Ihrem Freund über das Programm. Das aber, wovon er spricht, können Sie beim besten Willen nicht wahrnehmen, und er versteht nicht, wovon Sie sprechen, denn Ihre Beschreibung paßt wiederum nicht auf »sein« Programm. Dabei müßten Sie eigentlich nur lernen, sich auf die gleiche Frequenz einzustellen, das heißt, auf einen anderen Knopf zu drücken, und schon würden Sie sich verstehen. Es kommt auf unseren Apparat und unsere Einstellung an, welche Nachrichten, Bilder und Einstellungen wir empfangen.

Wie wir im Radio oder Fernsehen ein anderes Programm einstellen, wenn wir Lust dazu verspüren, so können wir auch im Leben durch eine veränderte innere Einstellung andere Lebensumstände anziehen. Bevor wir Erfolg haben, müssen wir uns erst innerlich für den Erfolg bereitmachen. Sind wir der festen inneren Überzeugung, daß wir erfolgreich sind, werden wir mit glücklichen »Zufällen« geradezu überhäuft.

Durch das Gesetz der Resonanz erhält auch das Gesetz der Fülle einen ganz neuen Aspekt. Es zeigt uns, daß wir nur soviel erhalten *können*, wie wir in der Lage sind anzunehmen und von der Qualität, die der Schwingung unseres Bewußtseins entspricht. Aber was immer wir im Bewußtsein lange genug festhalten, ist gezwungen, in der Außenwelt Tatsache zu werden.

Selbst wenn ich nicht bewußt denke: »Ich bin arm«, bin aber in diese Welt gekommen, mit der unbewußten Neigung, im Muster »Armut« zu denken, werde ich auch im Außen arm bleiben – solange ich diese Denkungsweise nicht bewußt ändere. Denn auch wenn ich das Gesetz der Resonanz nicht kenne oder sein Funktionieren nicht verstehe, wirkt es trotzdem.

Es genügt, sich bewußt zu machen, daß man etwas wirklich braucht – und man wird es in kurzer Zeit, auf oft wunderbare Weise bekommen. Vielleicht befassen Sie sich plötzlich mit einem ausgefallenen Thema, und Sie bekommen ebenso unerwartet von jemandem ein Buch zu genau diesem Thema geschenkt. Kurz darauf lesen Sie zum ersten Mal etwas darüber in einer Illustrierten, und bei einem Freund stellen Sie im Gespräch fest, daß er sich schon länger für das gleiche Thema interessiert. Hinter solchen »Zufallsketten« steckt immer das Gesetz der Resonanz. Ohne die innere Bereitschaft ist alles Suchen im Außen sinnlos. Mit dieser Bereitschaft wird alles Suchen überflüssig. Das, was Sie wirklich brauchen, findet Sie. Lassen Sie sich finden!

Wir sind umgeben und eingetaucht in vollkommenes, gesundes, harmonisches und glückliches Leben, können davon aber nur so viel durch uns verwirklichen, wie es unserem Bewußtsein zu erfassen möglich ist. Erfassen aber heißt glauben. Nur mein Glaube begrenzt die Verwirklichung der Fülle des Lebens.

Wie Sonne und Mond sich nicht im trüben Gewässer widerspiegeln können, so kann sich der Allmächtige nicht in einem Herzen widerspiegeln, das nur von der Idee des »ich« und »mein« getrübt ist.

Sri Ramakrishna

Das Gesetz der Fülle

Das Gesetz der Fülle besagt, daß uns die Fülle des Lebens als unser geistiges Erbe zusteht. Sie steht uns jeden Augenblick zur Verfügung. Durch unsere falsche Geisteshaltung und unseren mangelnden Glauben wird jedoch oftmals eine Beschränkung unseres inneren und äußeren Reichtums – und damit Mangel – hervorgerufen.

Sobald der Mensch aber erkennt, wer er wirklich ist, und sein geistiges Erbe in Besitz nimmt, manifestiert sich in seinem Leben das Gesetz der Fülle. Wer dieses Gesetz in seinem ganzen Umfang erfaßt hat, kennt keinen Mangel mehr. Jesus hat gesagt: »Wer da hat (Erkenntnis der Wirklichkeit), dem wird gegeben werden, auf daß er die Fülle habe. Wer da aber nicht hat, dem wird das Wenige noch genommen werden.« Indem wir überall die Bereitschaft des Lebens zur Fülle erkennen, rufen wir sie in Erscheinung. Diese Erkenntnis hat aber nur Wert, wenn wir unser ganzes Leben von jetzt an zu einer einzigen Offenbarung der »Inneren Fülle« machen. Wer diese »Innere Fülle« jedoch nicht erkennt, der steht sich und seinem Erfolg selbst im Weg. Er verhindert so, daß sich die Fülle des Lebens manifestiert.

Dann helfen selbst große Anstrengungen, verkrampftes Positives Denken und flehentliche Gebete nichts, denn das Leben kann im Außen nur die innere Wirklichkeit widerspiegeln. Erkennen wir daher, daß wir von unserer inneren Natur her *reich sind*, daß wir *Erfolg haben*! Leben Sie in dieser Erkenntnis, werden Sie zu einem wahren Magneten der Fülle. Denn überall sind Möglichkeiten und Wege. Alles, was Ihnen widerfährt, ist von seinem inneren Potential her eine Chance, die das Leben Ihnen bietet, um durch Sie die Fülle in Erscheinung treten zu lassen. Vom äußeren Bild dürfen wir uns dabei nicht beirren lassen. Auch da, wo offensichtlich nichts zu ent-decken ist, gibt es solche Möglichkeiten. Mag die äußere Realität noch so sehr den inneren Bildern der Fülle widersprechen, mögen die Umstände noch so schwierig er-scheinen, durch die Bejahung der Fülle erheben wir uns über sie und wandeln sie um.

Aber alles Positive Denken und alle Anstrengung können uns nicht zum Erfolg führen, wenn wir in unserem Inneren ständig an Begrenzung und Mangel denken. Oder aber wenn wir unseren Mangel als Folge »karmischer« Ursachen rechtfertigen. Auch Karma kann jederzeit geändert werden und niemand zwingt uns, weiter das Opfer unbewußter Verhaltensmuster zu bleiben. Doch oft fühlen wir uns nicht wert, wirklich in der Fülle zu leben. Diese Einstellung verhindert zuverlässig, daß in Erscheinung tritt, was das Leben uns bereitwillig geben möchte.

Das Empfangen ist aber nur die eine Seite des Gesetzes, die andere Seite ist das Geben! Wer seine Aufmerksamkeit nur auf die eine Seite des Gesetzes richtet, hebt durch seine Selbstsucht die Kraft des Gesetzes wieder auf: »Kein Empfangen, ohne zu geben, keine Ernte ohne Saat.« So wie das Säen die Ernte bedingt, so bedingt das Geben das Nehmen. Denn das Gesetz der Fülle kann nur in dem Maß wirksam werden, wie wir selbst zum Kanal werden, durch den sich die Fülle manifestiert.

Zum Kanal werde ich, indem ich alle, auch alle unbewußten Gedanken an Begrenzung und Mangel auflöse, damit ich nicht selbst zum Hindernis werde für das Wirken des Gesetzes. Und indem ich dann nach bestem Ver-mögen gebe. Dabei sind materielle Dinge noch das Unwesentlichste und Leichteste, obwohl viele von uns schon daran scheitern. Das Wesentliche und Schwierige ist das Aufgeben des Egoismus und die uneingeschränkte Bereitschaft, dem Ganzen nach Kräften zu dienen. Dieser Wille, der Schöpfung zu dienen, erwächst aus der Liebe.

Um der Fülle ganz teilhaftig werden zu können, muß ich mein kleines Ich meinem Wahren Selbst, dem Gott in mir, übergeben. Jesus sagte: »Trachtet erst nach dem Reiche Gottes, so wird euch alles übrige zufallen«.

Diese Haltung sollte uns auch dann nicht verlassen, wenn wir erfolgreich geworden sind und in der Fülle leben. Denn nur sie hält den Zustrom der Fülle offen. Nur so werden wir die Fülle nicht nur gewinnen, sondern auch erhalten und sogar mehren, um davon weisen Gebrauch zu machen. Zum Kanal zu werden, durch den sich die vielfältigen Ausdrucksmöglichkeiten des Lebens auch zum Nutzen anderer manifestieren können. Erst, wenn wir uns als Mitschöpfer begreifen und uns bemühen, die Welt durch unser Wirken zu verbessern, wird die Fülle unser ständiger Gast sein.

Fülle bedeutet natürlich nicht nur, daß wir immer genug Geld haben, wenngleich auch das zur Fülle gehört und eine Verachtung des Geldes uns vom Strom der Fülle abschneidet. Die Fülle zeigt sich noch mehr im ganz unscheinbaren Alltagsgeschehen, in unseren harmonischen Beziehungen ebenso wie in dem Maß unserer geistigen Erkenntnis. Wer in der Fülle lebt, hat stets *alles*, was er zum vollkommenen Ausdruck seines Seins jetzt braucht. Das kann auch eine Fülle an Lektionen sein, die ja wieder nur Chancen des Lebens sind, zu lernen und zu wachsen. Wer in der Fülle lebt, hat wirklich alles in Fülle, und jeder Aspekt seines Lebens ist in Harmonie.

Selig ist der Mensch, der den Nächsten in einer Unzulänglichkeit genau so erträgt, wie er von ihm ertragen werden möchte.

Franz von Assisi

Das Gesetz der Freiheit

Das Gesetz der Freiheit stellt den Menschen in jedem Augenblick vor die Fülle der Schöpfung und gibt ihm die Freiheit der Wahl, aber auch den Zwang zur Entscheidung. Auch wenn er sich nicht entscheidet, ist das eine Entscheidung. Ganz gleich, wie er sich entscheidet, er trägt die Folgen. Er bestimmt seine »inneren Bilder«, die sein Leben bestimmen. Er hat die Freiheit der Wahl, sich für den königlichen Weg der Erkenntnis zu entscheiden oder für den normalen Weg des Lernens durch Krankheit und Leid. Die Freiheit hat drei Ebenen:

1. »Freiheit von ...«

Der Mensch hat die Freiheit, sich in jedem Augenblick seines Seins aus der Sklaverei der Wunscherfüllung zu entlassen. Er ist frei, wenn er nichts mehr braucht, aus der Erkenntnis, daß die Schöpfung ohnehin das Beste für ihn vorgesehen hat und ihm *alles* zur Verfügung stellt, was er *wirklich* zum vollen Ausdruck des Lebens braucht, um in der Fülle zu leben. Nur so kann sich der Mensch auch aus dem Druck des Habenwollens befreien, aus der Erkenntnis heraus, daß jeder Besitz Illusion ist. Denn niemand auf der Welt kann irgend etwas besitzen. Alles wird hier zurückbleiben, wenn er geht. Das einzige, das er mitnimmt, sind seine Erkenntnisse. Dafür allein hat er gelebt.

Ein wichtiger Schritt, um frei zu sein von... ist das Loslassen. Wahres Loslassen bedeutet, alles Falsche, Hinderliche und Störende zu lassen, es weder zu denken noch zu sagen, noch zu tun. Alles loszulassen, was nicht mehr wirklich zu mir gehört, auch meinen alten Bewußtseinszustand.

Dazu gehören Gefühle wie: Ärger, Angst, Sorgen, Streß, Schuldgefühle, Empfindlichkeit, Minderwertigkeitsgefühle, Selbstmitleid, Haß, Neid, Unsicherheit, Eitelkeit, Aufregung, Aggressionen, Wut usw.

Dazu gehören Verhaltensweisen wie: Bequemlichkeit, Unehrlichkeit, Lieblosigkeit, Intoleranz, Untreue, Verurteilen, Disziplinlosigkeit, Sucht, falsche Gewohnheiten, Bedürfnisse usw.

Dazu gehören Erwartungen wie: Hohe, überzogene Ansprüche an sich, andere und die Welt, beachtet werden wollen, verstanden werden wollen, gefragt werden wollen, geliebt werden wollen, sich durchsetzen wollen, belehren wollen, mehr sein wollen als andere, siegen wollen usw.

Dazu gehört die Vergangenheit wie: Alte Vorstellungen, überholte Programme, alte Ziele, Normen, Grenzen, Erziehung, Umwelteinfluß, Klischees, Rollen, negatives Denken, negatives Selbstbild, falscher Beruf, Krankheit, Bindungen an Eltern, Partner, Kinder, Besitz, Karriere, Körper, Kränkungen, Beleidigungen, Enttäuschungen, Armut.

Aus der Erkenntnis heraus: »Was zu mir gehört, kann ich nicht verlieren; was nicht zu mir gehört, kann ich ohnehin nicht halten.« Und: »Es kommt immer Besseres nach!«

Dazu gehören letztlich auch der Eigenwille und das Ego. Wenn ich mich loslasse, fällt mein kleines Ich in das große ICH. Und das große ICH lebt und wirkt durch mich. Ein solcher Mensch ist wirklich frei. Er will nicht mehr haben, sondern nur noch *sein* und *tun*, was das Leben durch ihn verwirklichen will. Das führt zu absolutem Vertrauen, Geborgenheit und einer unerschütterlichen Gelassenheit.

2. »Freiheit für...«

Der Mensch hat die Freiheit, sich als Ego zu sehen, getrennt von den anderen, er kann entsprechend seiner Sicht egoistisch leben, die Symphonie der Schöpfung stören und damit Disharmonie verursachen, die als entsprechendes Schicksal auf ihn zurückkommt. Er hat aber auch die Freiheit, sich als Teil des Ganzen zu erkennen. Zu erkennen, weshalb er gekommen ist, und alles loszulassen, was nicht zur Erfüllung seiner Aufgabe gehört, um ganz frei zu sein für seine Lebensaufgabe und seine Mission. Sie voller Freude erfüllen und so ein erfülltes Leben zu leben.

3. »Wahre Freiheit«

Die Geistigen Gesetze sind Wirklichkeit. Das heißt, sie wirken, ob ich daran glaube oder nicht. Ich kann dazu nein sagen und mit ihnen kollidieren. Dann bekomme ich »Nachhilfeunterricht« vom Schicksal in Form von Krankheit und Leid. Ich kann aber auch ja sagen und in Harmonie mit den Geistigen Gesetzen leben und der einen Kraft, die sie geschaffen hat. Ich kann mein erfülltes Leben leben. Ich habe die Wahl.

Das ist die einzige wahre Freiheit.

Immer sollte ich auf der Stelle sein,
die nach der Ewigkeit hin offen steht.

Romano Guardini

Die Gesetze des Denkens

Jeder einzelne Gedanke verändert unser Schicksal, verursacht Erfolg oder Pech, Krankheit oder Gesundheit, Leid oder Glück. Wir müssen daher lernen, möglichst optimal mit unserem Denkinstrument umzugehen. Das heißt vor allem wahres Positives Denken: also zu erkennen, daß alles, was mir widerfährt, in Wirklichkeit für mich gut ist, weil ich es not-wendig gemacht habe und es mir nur dienen und helfen will. Deshalb sollte jeder die Aufgaben des Lebens annehmen und erfüllen, weil sonst das Schicksal gezwungen ist, die Lektion zu wiederholen, bis er sie gelöst hat.

Geistige Techniken müssen wir ebenso lernen wie das Laufen, Essen, Radfahren, Schwimmen. Auch Sprechen können wir nicht können wollen – wir müssen es Wort für Wort lernen. Im Leben schreitet der am sichersten voran, der am besten vorbereitet ist, der seine Kräfte optimal einzusetzen und seine Möglichkeiten voll auszuschöpfen weiß.

Unsere Lebensumstände existieren durch unsere Gedanken. Wir sind es, die Gedanken denken, die wiederum Handlungen nach sich ziehen. Diese wiederum erschaffen alle Wirkungen in unserem Leben – unsere Wirklichkeit. Die meisten Gedanken denken wir unbewußt. Unbewußte Gedanken aus der Kindheit wirken ebenso zuverlässig, wie Meinungen anderer, die wir täglich hören und unbewußt annehmen. Aber auch Redewendungen, die wir selbst täglich gebrauchen, wie:

»Ich glaube nicht, daß es was wird.«
»Beim Geld hört die Freundschaft auf.«
»Das schaffe ich nie.«
»Ich bin heute wieder so kaputt.«

Durch ständige Wiederholung überzeugen wir unser Unterbewußtsein allmählich von der Wahrheit dieser Behauptung, und es beginnt, sich danach zu verhalten.

Der Unterschied zwischen einem Weisen und einem Narren besteht darin, daß der Weise seine Gedanken beherrscht, während der Narr von ihnen beherrscht wird.

Gedanken, die wir nicht loswerden, werden unser Los!!!

Die meisten Menschen können ihre Wünsche nicht verwirklichen, weil sie ihre Gedanken nicht beherrschen. Sie denken hin und her und zerstreuen so das wunderbare Potential ihrer schöpferischen Gedanken, anstatt sie konzentriert auf ein Ziel zu lenken und so zu erreichen, was immer sie denken und glauben können.

Lieber hoffen sie auf ein Wunder. Der Kranke auf eine medizinische Kapazität oder ein neues Wundermittel. Wenn das nicht hilft, auf einen Hypnotiseur oder Geistheiler, der ihn mühelos und sofort gesund macht – um danach genau so falsch weiterzuleben.

Der Arme will schnell reich werden, am liebsten durch einen Lottogewinn, wo der Einsatz gering und das Ergebnis großartig ist. Der Einsame will seinen Idealpartner finden, durch eine wunderbare Fügung des Schicksals, ohne sich zu fragen, ob er denn für den anderen ein idealer Partner ist.

Ganz selten fragt man sich, warum man unter diesen Umständen lebt, was sie verursacht und wie man selbst sie ändern könnte. Wie man gesünder leben oder die eigene Leistung erhöhen könnte. Oder wie man selbst zu einem idealen Partner wird, der automatisch einen »entsprechenden« Partner anzieht. Wir wollen Geschenke haben und vergessen, daß man nur ernten kann, was man gesät hat.

Dabei bietet uns unser Leben ständig neue Möglichkeiten, wir müssen sie nur erkennen und nutzen. Richten Sie Ihren Blick nicht länger auf den Mangel, denn das führt zu Unzufriedenheit und Aggression! Sobald Sie aber Ihren Blick auf die Möglichkeiten richten, bietet Ihnen das Leben in jeder Sekunde eine Chance, und Ihr Leben wird reicher und Sie selbst glücklicher!

Erkennen wir also: Überall ist Mangel, denn sonst gäbe es ja nichts mehr zu tun. Aber überall sind Möglichkeiten, und jede Schwierigkeit ist in Wirklichkeit eine verkleidete Möglichkeit. Glück ist nicht Glücksache, sondern die Folge von Hören, Denken, Erkennen und Nutzen von Möglichkeiten, die das Leben in Fülle bietet. Dabei ist es vollkommen gleich, woher Sie kommen, entscheidend ist nur, *wohin Sie jetzt gehen*! Tun Sie den ersten Schritt in die richtige Richtung jetzt, und Ihr Leben ändert sich.

Was ist Positives Denken?

Alles, was ist, sind materialisierte Vorstellungen, gedachte Tat-Sachen, verwirklichte Gedankenbilder. Erst wenn etwas gedacht ist, kann es in Erscheinung treten. Materie ist nur eine unterschiedliche Erscheinungsform von Energie. Gedanken bewegen und gestalten Energie. Nach dem Energieerhaltungsgesetz kann Energie auch nicht verlorengehen, sie kann nur ihre Erscheinungsform wechseln.

Somit ist jeder Gedanke eine Schöpfung und muß sich verwirklichen. Die Lebensumstände sind nur ein Spiegelbild meines Seins. Ich kann sie nur ändern, indem ich mich ändere.

Probleme sind Aufgaben, die das Leben mir stellt. Jedes Problem ist ein Geschenk des Lebens an mich, denn am Ende, in der Lösung, steckt immer eine Erkenntnis.

Der beste Augenblick, eine Aufgabe zu lösen, ist immer dann, wenn sie sich mir stellt. Der nächste Augenblick bringt eine neue Aufgabe.

Löse ich eine Aufgabe nicht, versuche ich dem Problem auszuweichen, zwinge ich das Schicksal nur dazu, die Lektion zu wiederholen, allerdings zu einer Zeit, die mir vielleicht nicht so gut paßt, und in einer Form, die mir vielleicht gar nicht gefällt.

Positiv denken heißt daher nur, zu erkennen, daß alles, was ist, mir dienen und helfen will, auch *und* gerade, wenn es unangenehm oder schmerzhaft ist. Alles ist daher gut, und es gibt das sogenannte Negative gar nicht, sondern es ist das unangenehme Gute, das ich not-wendig gemacht habe.

Zum Positiven Denken gehört auch regelmäßige Psychohygiene. Das heißt, mich morgens mental auf den Tag vorzubereiten, mich während des Tages immer wieder auszurichten auf das eine Bewußtsein. Abends zu kontrollieren, ob und wie weit es mir gelungen ist, mich nach meinem eigenen Maßstab zu verhalten und mental umzuerleben, wo es mir noch nicht optimal gelungen ist. So bereinige ich alle Gedankenenergien sofort, bevor sie als Schicksal in Erscheinung treten können.

Mißerfolge sind dabei immer nur Zwischenergebnisse auf dem Weg zum endgültigen Erfolg.

Was immer ein Schöpfer in der Gewißheit des Glaubens denkt, muß in Erscheinung treten. Alles, was ich denken kann, kann ich auch erreichen.

Es ist eine Schwäche meines Bewußtseins, daß ich immer nur einen Gedanken gleichzeitig denken kann. Es wird eine

Stärke, wenn ich den richtigen Gedanken denke und festhalte.

Ein in das Blickfeld des Bewußtseins gerückter Gedanke, ob Wunsch, ein Ideal oder Ziel, zieht, wenn er im Bewußtsein festgehalten und ständig aktiviert wird, gleiche oder ähnliche Kräfte an und konzentriert sie zu einem Gedankenkomplex. Andersartige Gedanken werden umgewandelt oder abgestoßen.

Wenn wir zurückschauen, erkennen wir, daß alle unsere Wünsche in Erfüllung gegangen sind, die wir lange genug in unserem Bewußtsein festgehalten haben. Das gilt leider auch für negative Wünsche.

Angst, Sorge usw. ziehen genau das an, was man befürchtet, weil hier das Bewußtsein mit Gedanken der Angst und Sorge erfüllt wird. Das Gefühl der Angst sorgt dafür, daß dieser Gedanke immer wieder aktiviert wird.

Hier helfen nur Gedankendisziplin und regelmäßige Psychohygiene, bei der unerwünschte Gedanken sofort in erwünschte Gedanken umgewandelt werden, bevor sie sich als Schicksal manifestieren können.

Gedankendisziplin und Psychohygiene sind zwei wichtige Schritte unserer Entwicklung. Wir alle haben einen inneren Schatz, aber um ihn in unser Bewußtsein zu bringen, damit wir ihn nutzen können, müssen wir uns entwickeln.

Stellen Sie sich vor, in Ihrem Inneren ist eine lange Schriftrolle, auf der aufgeschrieben ist, wo Sie den Schatz finden können. Um an den Schatz zu kommen, brauchen Sie diese Information. Sie müssen die Schriftrolle entwickeln und können so den inneren Schatz mehr und mehr in Besitz nehmen.

Der wesentliche Unterschied zwischen Wunschdenken und Positivem Denken besteht darin, daß Sie einmal etwas *wollen* und das andere Mal etwas *glauben*! Wunschdenken ist

Wollen, das von keinem Glauben erfüllt ist. Glaube ist die innere Gewißheit, daß das, was Sie wünschen, geschaffen werden kann.

Der wirklich Positive ist aus einer inneren Haltung heraus positiv gestimmt, auch und gerade, wenn Schwierigkeiten auftreten. Denn er erkennt darin die Aufgabe und die Möglichkeiten und Chancen, die das Leben ihm bietet.

Die sieben Schritte vom Positiven Denken zum Positiven Leben

1. Positives Denken

Erkennen, alles ist gut, denn alles will mir nur dienen und helfen. Achtsam und beharrlich durchs Leben gehen. Voller Vertrauen und Humor, gelassen tun, was zu tun ist. Dankbar die Wirklichkeit hinter dem Schein erkennen und geborgen in der Fülle des Seins leben.

2. Positives Fühlen

Offen und ausgeglichen die Menschen so annehmen, wie sie nun einmal sind. Vertrauensvoll und zuversichtlich zu seinen Gefühlen stehen und sich wert fühlen, in der Fülle zu leben. Das Leben nur beobachten, nicht bewerten und liebevoll das Richtige geschehen lassen.

3. Positives Wollen

Lernen wollen und verstehen wollen. Entschuldigen und verzeihen und selbst das Richtige tun wollen. Wollen, was man soll! Hören, was das Leben will und den eigenen Willen loslassen und SEINEN Willen erfüllen wollen!

4. Positives Reden

Sich klar ausdrücken lernen und die Wortinflation stoppen. Keinen ungebetenen Rat geben und auch Schweigen lernen.

Ehrlich sein in Wort und Tat und Wortgeschenke machen. Mut machen, Trost spenden und Worte nur zum Helfen, Danken und Segnen gebrauchen.

5. Positives Handeln

Überlegt, feinfühlig und nachsichtig handeln. Liebevoll, konstruktiv und hilfreich sein. Zuverlässig, rücksichtsvoll und beharrlich bleiben, unabhängig von den Erwartungen der anderen. Verantwortungs- und Selbst-bewußt bleiben, bei allem, was ich tue. Lernen, zu geben und zu nehmen, und aus der »Inneren Führung« im richtigen Augenblick das Richtige tun. Auch bewußt und mäßig das Richtige essen. Fröhlich und frei die Freiheit des anderen respektieren.

6. Positives Bewußtsein

In der Erkenntnis der Wahrheit und Wirklichkeit harmonisch, selbstlos und geborgen sein. Regelmäßig in die Stille gehen und Zeit für Meditation und Gebet nehmen. Das ganze Sein auf das Höchste ausrichten. Geistesgegenwärtig und sinnvoll leben.

7. Positives Leben

Die geistigen Gesetze beachten, sorglos und gelassen durchs Leben gehen in der Erkenntnis, alles ist gleich-gültig. Harmonische Beziehungen pflegen und sich auch an den kleinen Dingen erfreuen. Gern leben, aber auch jederzeit bereit sein zu gehen. Solange ich aber lebe, vernünftig und vorbildlich und gesund leben. Das ganze Sein auf das Höchste ausrichten und Gott in allem und jedem erkennen und achten. Dankbar und bewußt jeden Augenblick erfüllen.

Jeder bestimmt durch die Öffnung und Ausrichtung seines Bewußtseins selbst die Stufe, auf der er lebt. Jeder gibt sich selbst seinen Wert und genießt so viel Achtung, wie er sich selbst erweist.

Der Kluge lernt aus seinen Fehlern, der Weise lernt aus

den Fehlern der anderen, und der Narr lernt weder aus dem einen noch aus dem anderen.

Es ist ein hartes Los, eine Niete zu sein. Wenn wir also die fast unbegrenzten Möglichkeiten unseres Denkvermögens optimal nutzen wollen, sollten wir zunächst eine »Gedankenkur« machen – eine »mentale Diät«. Einfach einmal vier Wochen möglichst nur positiv denken, positiv reden, fühlen und handeln. Positive Gesellschaft und Umgebung suchen, positive Gewohnheiten entwickeln und stärken, sich mit positiven Gefühlen erfüllen, Positives lesen und anschauen.

Dabei versuchen Sie, jede Angst oder Streß sofort »umzuerleben«. Das gilt auch für Schuldgefühle, Sorgen, Zweifel, Wut, Selbstmitleid und Aufregung jeder Art. Ebenfalls streben Sie an, sich jeden Gedanken an Krankheit, Armut, ja sogar an Zufall sofort bewußt zu machen und aufzulösen.

Morgens und abends machen Sie gründlich »Psychohygiene« und legen tagsüber stündlich eine stille Minute ein. Außerdem richten Sie Ihr Bewußtsein aus, wann immer Besuch kommt oder das Telefon klingelt. Sie machen sich also bewußt: Wer bin ich wirklich? und handeln aus diesem geschärften Bewußtsein heraus. Diese »Kur« versuchen Sie, vier Wochen diszipliniert durchzuhalten. Später wird sie Ihnen wegen ihrer überzeugenden Ergebnisse zur Gewohnheit werden.

Lernen Sie, Gedanken zu denken, deren Folgen Sie gern in Ihrem Leben hätten, denn Unsichtbares ist nicht unwirksam!

Theorie und Praxis der Psychohygiene

Die Erkenntnis, daß Psychohygiene zur Erhaltung der seelischen Gesundheit des Menschen ebenso erforderlich ist wie körperliche Hygiene zur Erhaltung der körperlichen Gesundheit, ist nicht neu. Schon zu Anfang dieses Jahrhunderts erschienen einzelne Veröffentlichungen zu diesem

Thema, doch blieb das Interesse der Menschen sehr gering. Wahrscheinlich, weil es an brauchbaren Hinweisen fehlte, was der einzelne zur Erhaltung und Stabilisierung seiner seelischen Gesundheit tun könne.

Auch die körperliche Hygiene fand ja erst dann eine weite Verbreitung, als konkrete Regeln ins Bewußtsein der Menschen gebracht wurden, wie regelmäßiges Händewaschen, Baden und Zähneputzen. Dazu gehört auch das Fernhalten von Menschen mit einer ansteckenden Krankheit, um sich nicht zu infizieren. Das war logisch und einleuchtend, und so konnten die körperlichen Infektionskrankheiten, wie Pest, Typhus, Cholera, zumindest in den Industrienationen weitgehend überwunden werden.

Aber auch auf geistig-seelischem Gebiet gibt es »Infektionskrankheiten« und »Seuchen«, die sich immer mehr ausbreiten, wenn wir nicht durch regelmäßige Psychohygiene, die zur festen Gewohnheit geworden ist, die Voraussetzung für eine wirkliche geistig-seelische Gesundheit schaffen.

Solche geistig-seelischen Infektionen sind: Ärger, Angst, Streß, Sorge, Hast, Schuldgefühle, Aggressionen. Jeder von uns wird immer wieder einmal mit dem einen oder anderen, oder gar einer Kombination verschiedener Faktoren konfrontiert – bis er regelmäßig Psychohygiene betreibt. Dazu gehört vor allem das abendliche »mentale Umerleben«, in dem alle infizierenden Energien aufgelöst und ins Gegenteil gewandt werden, bevor sie Schaden anrichten können. Dazu gehört auch, jeden Menschen so anzunehmen, wie er nun einmal ist. Jedem Wohlwollen, vielleicht sogar Liebe entgegenzubringen.

Nur wenn Psychohygiene zur festen, regelmäßigen Gewohnheit geworden ist, haben diese geistig-seelischen Infektionen keine Chance mehr. Das Ergebnis ist seelische Harmonie und eine unerschütterliche Gelassenheit, mit der wir froh durchs Leben gehen.

In dem Maße aber, wie wahre Intelligenz wächst, wird Denken überflüssig. Der Vollendete denkt nicht mehr nach, er weiß und reagiert spontan. Denken ist ein Ersatz für die noch nicht genügende Intelligenz. Je größer die Intelligenz, desto weniger brauchen wir das Denken. Dann nehmen wir wahr, was ist: Wir erkennen die Wirklichkeit hinter dem Schein, ohne darüber nachdenken zu müssen.

Solange unsere Intelligenz nicht vollkommen ist, müssen wir nachdenken. Wir müssen vorausplanen. Wenn dann die Situation gekommen ist, handeln wir entsprechend unserem Denken. Wir handeln so ständig aus der Vergangenheit heraus, obwohl vielleicht schon längst eine neue Situation eingetreten ist. Solange wir denken, wird unser Handeln aus der Vergangenheit bestimmt. Aber alles wandelt sich ständig, alles fließt.

Wir müssen sogar überlegen, wie wir unserer Frau, unserem Partner eine Freude machen können. Wenn wir wirklich lieben, brauchen wir nicht mehr zu überlegen. Wir handeln dann aus der Liebe heraus und können sicher sein, in jedem Augenblick das Richtige zu tun. Denken wird so oftmals – noch – zum Ersatz für fehlende Liebe.

Denken ist eine wunderbare Sache, und wir sollten lernen, sie wirklich zu beherrschen. Aber wir sollten wissen, daß sie immer ein Ersatz ist für das eigentlich Wesentliche, das es zu erreichen gilt: Weisheit und Liebe.

Das Wort gleicht der Biene:
Es hat Honig und Stacheln.

Aus dem Talmud

Das Gesetz des Ärgerns

Es gibt kaum Menschen, die sich nicht ärgern. Aber es gibt sie immerhin, und das beweist, daß es möglich ist. Ärger ist immer ein Produkt einer schlechten Gefühlskontrolle und hat viele Nachteile. Die Vitalität wird durch Ärger stark belastet, und Krankheiten werden geradezu herausgefordert.

Ärger fördert die Nervosität und läßt uns beim nächsten Mal noch schneller ärgerlich werden. Das Herz schlägt unregelmäßig, und ein Herzinfarkt kann ausgelöst werden. Der Blutdruck steigt. Die Muskeln werden verspannt. Die Verdauung wird beeinträchtigt. Schlechter Schlaf und Müdigkeit sind die Folge. Kopfschmerzen oder Migräne können ausgelöst werden.

Schlechte Laune ist eine häufige Folge des Ärgerns. Das Denken und Tun werden unbeherrscht. Magengeschwüre und Gallensteine können sich bilden. Die Abwehrkraft wird geschwächt, und wir werden vor der Zeit alt, welk, häßlich und krank.

Wir bestrafen uns durch den Ärger für Fehler der anderen. Wir schwächen uns selbst durch eine negative Schwingung unseres Bewußtseins. Durch falschen Umgang mit den Umständen beeinträchtigen wir unsere Leistungsfähigkeit gerade dann, wenn wir in Höchstform sein sollten. Niemand kann es sich leisten, sich zu ärgern, und Ärger macht alles nur noch ärger!!!

Worüber ärgern wir uns?

Wir ärgern uns über Probleme, Umstände oder Dinge. Über andere oder über uns selbst. Wir ärgern uns über Schwierigkeiten!

Was aber sind »Schwierigkeiten«? Schwierigkeiten entstehen dadurch, daß die Umstände nicht meinen Vorstellungen entsprechen. Warum ändere ich dann nicht meine Vorstellungen?

Sobald ich nichts mehr erwarte, entfällt jeder Grund, mich zu ärgern. Worüber auch? Die Umstände haben nichts mehr in mir, womit sie kollidieren könnten. Außerdem sind Schwierigkeiten der Zweck des Lebens, wie Lernen der Zweck der Schule ist. Schwierigkeiten machen mich aufmerksam auf eigene Unzulänglichkeiten. In dem Maße, wie ich meine Unzulänglichkeiten beseitige, verschwinden auch die Schwierigkeiten. So wie die Wirkung verschwindet, wenn die Ursache beseitigt ist.

Ärger ist immer auch Aggression – ein Dagegensein und damit negative Energie, die Disharmonie erzeugt. Disharmonie aber ist die Vorstufe von Krankheit. Sich Ärgern heißt, nicht einverstanden sein mit dem Leben, so wie es nun einmal ist. Aber ganz gleich, worüber wir uns ärgern: Das, worüber wir uns geärgert haben, ist von unserem Ärger ganz unbeeindruckt. Vor allem hat sich die Situation überhaupt nicht geändert durch meinen Ärger – ich könnte mich gerade wieder ärgern!!!

Doch ganz gleich, worüber wir uns ärgern, der Preis ist immer unsere Gesundheit. Kann ich mir wirklich Ärger leisten? Will ich sein wie ein Hampelmann? Ganz gleich, wer an der Schnur zieht – ich springe?

Wen etwa Beschimpfungen kränken, der zeigt damit nur, daß es ihm noch an Klugheit und Selbstvertrauen mangelt. Schließlich entsteht durch die Beschimpfung ja keine veränderte Situation. Sie zeigt nur, daß der andere nicht in Harmonie ist. Ich sollte ihm eher helfen, sich zu beruhigen, anstatt ebenfalls disharmonisch zu reagieren.

Der Anlaß des Ärgers ist weniger wichtig als die Art, wie ich auf bestimmte Umstände reagiere, wie wichtig ich sie nehme und wie ich damit fertig werde.

Alles hängt von meiner Einstellung ab und nicht von den äußeren Umständen!

Es gibt viele verschiedene Arten, mit seinem Ärger umzugehen. Manche beißen sich auf die Lippen, laufen rot an, ballen vielleicht sogar die Fäuste, sagen aber nichts, fressen ihren Ärger in sich hinein. Andere machen ihrem Ärger durch laute Worte Luft oder werden gar verletzend und fragen nicht mehr danach, ob sie dem anderen nicht Unrecht tun. Wir sollten aber nicht ein Unrecht mit einem anderen beantworten, zumal wir das Unrecht meist selber verursacht haben. Wir sollten vor allem nicht glauben, *wir müßten uns ärgern!* Es schafft ja keine neue Wirklichkeit, wenn ein anderer ein falsches Bild von mir hat, mich beschimpft oder übermäßig lobt – ich bin trotzdem so, wie ich bin! Und niemand auf der ganzen Welt hat die Macht, das zu ändern – nur ich selbst!

Je häufiger und intensiver aber der Ärger erlebt wird, desto schlechter ist mein Gesamtzustand. Die großen Belastungen haben langfristige Folgen für die Gesundheit, während die kleinen Ärgernisse sich meist stärker auf das momentane Befinden auswirken. Und so gewöhne ich mir das Ärgern ab: Ich lasse das Ärgern los, indem ich –

- jeden Menschen so annehme, wie er nun einmal ist, und es ihm überlasse, ob und wann er sich ändert. Nicht jeder kann mein Freund sein, aber jeder ist mein Lehrer.

- alle Erwartungen loslasse und dem Leben gestatte, so zu sein, wie es eben ist. Denn solange ich noch Erwartungen habe, erlebe ich zwangsläufig immer wieder Ent-Täuschungen.
  Und ich betrüge mich um viele Geschenke des Lebens: Kommt es so, wie ich es erwartet habe, bin ich nicht besonders glücklich, denn schließlich habe ich das ja so erwartet. Kommt es aber anders, ärgere ich mich. Dabei hat das Leben nur eine Möglichkeit, das zu machen, was ich erwartet habe, aber tausend Möglichkeiten, es anders zu machen. Ich kann mich natürlich mehrmals täglich ärgern, aber ich bin nicht dazu verpflichtet!
- erkenne, daß *nichts und niemand* auf der Welt die Macht hat, mich zu ärgern. Nur ich kann mich ärgern, wann ich will – über alles und jeden –, und nur ich kann es lassen – *endgültig!*

Würden die Menschen öfter in sich gehen, wären sie nicht so oft außer sich:

Was ist Meditation?

Ein bewährter Weg, in sich zu gehen, ist Meditation. Meditation ist »gelöste Wachheit« – die Wahrnehmung des Vorhandenen. Der Situation gewahr zu werden und eins zu werden mit ihr. Aufzugehen in ihrer Erfahrung. Handlung und Handelnder sind eins.

Bestandteile der Meditation sind:

- Uneingeschränkte Aufmerksamkeit und Wahrnehmung dessen, was ist.
  Der Beobachter ist Teil des Beobachteten.
  Sind wir ganz in der Wahrnehmung, braucht nichts mehr mit Worten gesagt zu werden.
- Konzentration auf alles und nichts.

Gesammelt offen zu bleiben für alles führt in die eigene Mitte und überschreitet den Verstand. Der Verstand kann nicht mehr be-greifen. Wahre Konzentration heißt, sein Bewußtsein zu sammeln auf die Mitte allen Seins und eins zu sein mit allem in seiner Mitte.

- Bewußt Sein.
  Dem Ernst der Konzentration die Freude des Seins an die Seite stellen. Kein verkrampftes, perfektionistisches Bemühen, sondern leichtes, freudiges Geschehenlassen. Ein Zelebrieren des Seins, des Alltäglichen.

Außerdem gehören dazu:

- Disziplin und Konsequenz
- Meisterbewußtsein ist Schülerbewußtsein
- Offenheit – Gelassenheit – Gelöstheit – Wachheit – Freude
- Ruhe – Liebe – über den Rhythmus seines Atems sich als Teil des Ganzen erfahren (»es atmet mich«)
- Absichtslosigkeit

Es gibt die verschiedensten Meditationstechniken: Bildhafte Vorstellung (kathathymes Bilderleben); Geführte Traumreisen; Visualisierungsübungen; Kontemplation – Mantram-Meditation, Dynamische Meditation; Tai-Chi; Zen; Achtsamkeits-Meditation; Yoga; Meditatives Sein und vieles andere mehr. Wer etwas mit Meditation erreichen will, verhindert Meditation. Meditation ist Wahrnehmung des Vorhandenen. Nicht was ich tue, ist wichtig, sondern nur *wie* ich es tue – wie im Leben. Meditation ist liebevoller Umgang mit der ganzen Schöpfung. Der Weg ins Zentrum des Seins. Alles loslassen, bis nur noch das Sein bleibt.

> Jeder Mensch hat seine guten Seiten.
> Man muß die schlechten nur umblättern.
>
> *Ernst Jünger*

Das Gesetz der Imagination

Jede bildhafte Vorstellung, die uns erfüllt, hat das Bestreben, sich zu verwirklichen. Wenn Glaube und Wille dabei gegeneinander stehen, siegt immer der Glaube. Jede Anstrengung bei der bildhaften Vorstellung bewirkt immer das Gegenteil.

Jeder Mensch besitzt die Fähigkeit zur bildhaften Vorstellung. Ein Kind kann gar nicht anders, als das Gehörte oder Gelesene bildhaft vor sich zu sehen. Auch jeder gute Architekt wird zuerst das fertige Haus vor seinem geistigen Auge sehen, bevor er den ersten Strich zu Papier bringt. Manche Menschen aber haben diese natürliche Fähigkeit »einschlafen« lassen, weil sie sie nur noch im Traum benutzen. Aber man kann sie wieder erwecken.

Das Bild ist die Sprache des Unterbewußtseins und der Seele. Der erwünschte Endzustand sollte bildhaft, detailliert ausgearbeitet und in natürlichen Farben und in der natürlichen Umgebung vorgestellt werden. Dabei sollte die Vorstellung immer präziser werden. Natürlich kann das Bild auch ein Film sein.

Die inneren Bilder bestimmen den größten Teil unseres Lebens. Immer dann, wenn wir nicht bewußt ein bestimmtes Bild oder eine bestimmte Vorstellung in unser Bewußtsein nehmen, greift das Unterbewußtsein auf den inneren Bilderspeicher, die »innere Bildergalerie« zurück und verwirklicht diese Bilder.

Daher sollten wir uns ein klares Bild des erwünschten Endzustands in allen Bereichen unseres Lebens erschaffen, diese Bilder immer wieder ins Bewußtsein nehmen und dort möglichst lange und lebendig festhalten. Wir können auch ganz bewußt entgegengesetzte Bilder in unserer inneren Bildergalerie »löschen« oder einfach in unserer Vorstellung austauschen.

Dazu brauchen wir *Einbildungskraft*, um die bildhafte Vorstellung des erwünschten Endzustandes zu schaffen und *Vorstellungskraft*, um uns das Bild vor Augen zu führen. Jedes Kind kann das, aber mitunter verlernen wir mit der Zeit diese Fähigkeit, weil wir sie kaum benutzen. Alles, was man verlernt hat, kann man aber auch wieder erlernen.

Diese bildhafte Vorstellung kann sich beziehen auf:

- konkrete Gegenstände
- abstrakte Begriffe + Werte
- einen Handlungsablauf/Film
- sich selbst

Als Hilfsmittel für die Vorstellung kann die Leinwandtechnik angewandt werden. Das heißt, ich stelle mir eine leere Leinwand vor und lasse auf ihr das Bild oder den Film des erwünschten Endzustandes entstehen.

Wenn das nicht ausreicht, sollte man sich ein tatsächliches Bild schaffen. Entweder eine Zeichnung, ein Foto oder eine Collage.

Je klarer das Bild, um so leichter kann sich Energie zur Verwirklichung darin sammeln. Je länger und öfter ich das Bild auf dem geistigen Bildschirm festhalte, desto länger fließt Energie.

Wichtig ist auch die Identifikation mit dem erwünschten Endzustand. Wie fühle, wie verhalte ich mich dann?

Ist das Bild lebendig genug, macht es sich selbständig. Das heißt, anfangs bestimme ich die Details, aber allmählich entstehen sie vor meinem geistigen Auge, bis sie bei wiederholter Vorstellung die endgültige Form angenommen haben.

Wenn Sie ein solches Bild vor Ihrem geistigen Auge sehen und einige Minuten festhalten, hat es sich bereits auf der geistigen Ebene verwirklicht. Da aber materielle Veränderungen Energie brauchen, ist zur Manifestation auf der physischen Ebene die entsprechende Menge an Energie zur Verfügung zu stellen und mit dem Bild zu verbinden. Eine einfache Veränderung kann mit einer Sitzung verwirklicht werden, eine große Sache kann unter Umständen hundert Sitzungen benötigen. Das ist auf der geistigen Ebene nicht anders als in der Physik.

Ist das Bild geschaffen und mit ausreichend Energie verbunden, dann muß es noch »verinnerlicht« werden. Ich nehme es in Besitz, indem ich mich damit identifiziere. Indem ich spüre, wie ich mich dann fühle, und sehe, wie ich mich dann verhalte. Vor allem spüre ich das starke Gefühl der Dankbarkeit für die Erfüllung. Dann lasse ich es vollkommen los, damit es sich manifestieren kann.

Vielleicht glauben Sie, daß nun nichts mehr unmöglich sei. Das ist grundsätzlich auch richtig, wenn Sie ausreichend Energie mobilisieren können. Allein die Menge der mobilisierten Energie setzt Ihnen noch Grenzen. Dabei sind wir von einem unerschöpflichen Meer von Energie umgeben, wir können davon aber nur so viel bewegen, wie wir durch die Größe unserer Persönlichkeit fassen können. Indem Sie Ihr Bewußtsein erweitern, vergrößern Sie die Menge der für Sie nutzbaren Energie.

Machen Sie sich bewußt: Sie können nur das empfangen, was Sie im Geist schon auf sich zukommen *sehen*. Indem ich den erwünschten Endzustand sehe, schaffe ich ihn geistig. Und mit Hilfe des Mental-Trainings lasse ich in Erscheinung treten, was ich geistig geschaffen habe. Das können Gesundheit, Problemlösung, Liebe, Berufsänderung oder spirituelle Entwicklung sein. Alles das sind vollkommene Ideen der Schöpfung, die für mich in Erscheinung treten, sobald ich sie in meinem Bewußtsein festhalte!!!

Dazu brauche ich zwei Kräfte:

- Einbildungs-Kraft
- Vorstellungs-Kraft

Die Einbildungskraft liefert die Bilder; entweder aus der Erinnerung oder aus der Vorstellung. Die Vorstellungskraft bringt die Bilder auf den geistigen Bildschirm und hält sie dort fest. Je genauer ich es mir vorstelle und je länger ich das Bild auf dem geistigen Bildschirm festhalte, desto mehr Energie kann fließen und desto schneller muß es in Erscheinung treten.

Die bildhafte Vorstellung ist kein Sehen wie im Außen, und jeder kann sie bewerkstelligen. Ja, er kann sie nicht einmal lassen, da die bildhafte Vorstellung die »Sprache des Unterbewußtseins« ist. Es kommt nur darauf an, sich diese Vorstellung bewußt zu machen.

Dabei kann es hilfreich sein, so zu tun, als ob. Nehmen wir einmal an, ich könnte dieses Bild sehen: Wie würde es dann aussehen? Welche Farbe hätte es? Welche Form? Wie fühlt es sich an? Die Details wahrnehmen!

Schon sind wir im »inneren Erleben«. So kann ich das Geschehen in meinem Körper wahrnehmen und steuern: meine Gedanken, meinen Stoffwechsel, die Durchblutung, Verdauung usw. Ich erkenne, ich bin nicht der Körper. Er ist ein Ausdruck meines Seins, und ich bestimme, was geschieht. Ich beherrsche ihn!

Der erwünschte Endzustand sollte so präzise formuliert werden wie für einen Kameramann, der ihn danach filmen, also im Bild festhalten soll. Ich muß also dem »Kameramann Schicksal« meinen Wunsch so klar und vollständig mitteilen, daß er danach den erwünschten Endzustand schaffen kann. Denn wir bekommen nicht, was wir haben wollen, sondern das, was wir bestellen!

Je präziser ich meinen Wunsch zum Ausdruck bringe, desto genauer kann das Schicksal das so geschaffene Bild auf der materiellen Ebene manifestieren!

Da die »inneren Bilder« unser Leben bestimmen, muß ich auch die vorhandenen Bilder in mir prüfen, ob sie meinem derzeitigen Maßstab entsprechen.

Wir unterscheiden drei Arten von »innerem Bild«:

- Aktive Bilder.
  Das sind alle Bilder, die derzeit mein Leben bewußt oder unbewußt bestimmen.
- Latente Bilder.
  Das sind Bilder, die tief im Unterbewußtsein verborgen sind. Bilder, die wir unbewußt aufgenommen oder absichtlich »vergessen« haben. Sie ruhen untätig in uns, bis eine spezielle Situation sie aktiviert.
- Erwünschte Bilder.
  Das sind Bilder, die für unser Leben hilfreich und sinnvoll wären, die aufbauend sind und die Entwicklung unserer Persönlichkeit fördern würden – aber nicht vorhanden sind!

Diese Bilder sollten geschaffen werden, damit wir ein erfülltes Leben haben.

Bei den aktiven und den latenten Bildern ist regelmäßig zu prüfen, ob sie noch erwünscht sind. Unerwünschte und überholte Bilder, Programme und Verhaltensmuster sind mental umzuerleben oder aufzulösen. Denn auch unerwünschte Bilder werden verwirklicht und kosten Energie.

Ein Maler malt ein Bild, das er in sich sieht. Das Leben macht es genauso. Es schafft die Lebensumstände, die wir als inneres Bild sehen und festhalten.

Man muß die Musik des Lebens hören.
Die meisten hören nur die Disharmonie.

Theodor Fontane

Alle Dinge sind möglich dem,
der da glaubt.

Markus 9,23

Das Gesetz des Glaubens

Wir glauben zuviel an den praktischen Wert des Wissens und wissen zuwenig vom praktischen Wert des Glaubens.

Dieser Glaube ist das Erinnern an die eigene, göttliche Natur des Menschen. Jesus sagte stets: »Dir geschehe nach Deinem Glauben.« Das ist ein Geistiges Gesetz. Sorgen wir also dafür, daß wir stets das Richtige glauben! Denn nicht, was wir wollen, geschieht, sondern das, was wir glauben. Die Geisteskraft des Glaubens schließt uns an die eine Kraft des Universums an, der nichts unmöglich ist.

Wissen stellt Tatsachen fest, Glauben schafft Tatsachen.

Glaube ist ein »inneres Wissen«, das nicht auf äußeren Beweisen ruht. Es ist ein inneres Erkennen der Wahrheit und Wirklichkeit. Wahrer Glaube ist die Gewißheit, daß das Erwünschte in Erscheinung treten muß, wenn ich mich der Einen Kraft ganz öffne und sie auf das erwünschte Ziel lenke.

Der Sinn des Dankens ist es, zu danken für etwas, das man erhalten hat. Damit verlegt man die Erfüllung ins Jetzt. Je nach Art Ihres Glaubens arbeitet dieser für oder gegen Sie. Denn die Kraft des Glaubens verwirklicht das, wovon Sie innerlich fest überzeugt sind.

Heilender Glaube ist jener, der nicht mehr auf den äußeren Schein, sondern auf das innere Sein blickt und damit verursacht, daß es sich auch außen manifestiert: sich als Umstand oder als Heilung verwirklicht.

Paracelsus erkannte: »Die Vorstellung ist die Ursache vieler Krankheiten, der Glaube aber ist die Heilung *aller* Krankheiten.« Jesus betonte immer wieder die »Ausdauer im Glauben«. Mitunter kann eine Heilung sofort erreicht werden. Oft aber ist stunden-, tage- oder gar wochenlanges Hinwenden im Glauben dafür erforderlich.

Glaube ist also nicht nur Bejahung, sondern Gewißheit der Wahrheit und Verwirklichung des gläubig Bejahten. Wer nur glaubt, was er sieht, der ist erst bereit, an die Wirkung des Säens zu glauben, wenn er die Ernte sieht.

Auch wer nicht glaubt, glaubt in Wahrheit – nur eben das Gegenteil des Erwünschten. Zweifel ist Glaube, der gegen Sie arbeitet!

Doch der festeste Glaube muß wirkungslos bleiben, wenn ich die Erfüllung in die Zukunft verlege, wenn ich in der Gegenwart mein Bewußtsein auf den Mangel richte. Erst wenn ich mich *jetzt* mit dem Gedanken der Verwirklichung erfülle, ist der Weg für die Eine Kraft frei. Dann kann ich Erfüllung erfahren.

Also sollten wir gläubig bejahen: »Ich glaube, daß die Eine Kraft mich *jetzt* heilt, mir *jetzt* hilft. Heilung ist immer zuerst ein Wachsen im Bewußtsein. Andauerndes gläubiges Bejahen als Erkennen der inneren Wirklichkeit löst alle Hindernisse auf, läßt die Heilungsenergie frei fließen und ermöglicht vollkommene Gesundheit. Damit kann der erwünschte Endzustand eintreten: *Alle Dinge sind möglich dem, der da glaubt.*

Versuche nicht, Stufen zu überspringen!
Wer einen weiten Weg hat, läuft nicht.

Paula Modersohn

Das Gesetz des Segnens

Ein Segen, der in die Welt gesandt wird, ist die reinste und feinste Form von Gedankenenergie und bewegt die stärkste Kraft des Universums – die Göttliche Liebe. Diese unendliche Kraft der Liebe ist da und wartet nur darauf, von einem Schöpfer in Tätigkeit gesetzt zu werden. Das Gesetz des Segnens lautet:

- Was immer ich ehrlichen Herzens segne, ist im gleichen Augenblick gesegnet. Die Macht des Segens beginnt sofort segensreich zu wirken.
- Was immer ich ehrlichen Herzens segne, muß mir zum Segen werden. Segne ich einen »Feind«, gewinne ich einen Freund.

Segnen bedeutet, für eine Person oder Situation Gottes Gnade zu erbitten; für eine Person oder Situation Gutes wünschen. Segnen heißt aber auch, sich nicht nach dem äußeren Anschein zu richten, sondern das Gute zu sehen und dadurch hervorzurufen. Gott wies Abraham auf die Macht des Segnens hin, als er zu ihm sprach: »Ich will dich segnen... und du sollst ein Segen sein.« (1. Mose 12,2)

Die Form des Segnens spielt keine Rolle. Ich kann den Segen sprechen, kann ihn denken oder fühlen. Was zählt, ist nur die Ehrlickeit des Herzens. Ich kann Segen auch einfach geschehen lassen oder ihn als Licht oder Strahlen imaginieren.

Alles, was ist, kann ich segnen. So könnte ich von nun an jeden Menschen segnen, der mir begegnet und so jedem zum Segen werden. Ich kann gleich damit beginnen und den segnen, den ich am wenigsten mag.

Ich kann aber auch jedes Ding und jede Situation segnen. So segne ich meinen Körper. Wenn mir ein Teil davon Schwierigkeiten macht, dann segne ich diesen Teil oder das Organ, aber niemals die Krankheit. Ich kann meinen Beruf segnen, mein Haus und ganz besonders meine Familie. Ich kann mein Auto segnen oder mein letztes Geld. Ich kann Freund und Feind, Stadt und Land segnen, alles, was mein Leben ausmacht, und alles wird mir zum Segen werden.

Ich kann sogar Gott segnen, also mein Wahres Selbst, und so wird Gott mir ständig zum Segen. Ich kann von nun an ein gesegnetes Leben leben und jedem, der mir begegnet, und allem, was ich ist, zum Segen werden.

Ich kann erkennen, daß wir das Paradies nie verlassen haben. Das richtige Bewußtsein läßt mich im »Himmel« leben, gleich *hier und jetzt!*

Wir werden nie wissen, wieviel Gutes
ein einfaches Lächeln vollbringen kann.

Mutter Theresa

Das Gesetz von Ursache und Wirkung

Alles Geschehen auf dieser Welt gehorcht dem Prinzip von Ursache und Wirkung. Alle sichtbare Schöpfung ist, wie der Name schon sagt, eine Wirkung, hinter der immer ein Schöpfer steht, dessen Wille sich auswirkt. Wo eine Schöpfung ist, muß immer auch ein Schöpfer sein, denn das Gesetz lautet: »Nichts kommt von nichts.«

Immer gibt es einen Zusammenhang zwischen dem, was war, und dem, was folgt. Alles Geschehen gehorcht dem Gesetz von Ursache und Wirkung. Das, was wir Zufall nennen, ist nur ein Ausdruck für eine verborgene, unbekannte Ursache; niemals aber geschieht etwas ohne Ursache. Natürlich können wir tun und lassen, was wir wollen, aber wir können nicht »wollen, was wir wollen«. Denn auch für unseren Willen gibt es eine Ur-Sache, zusammengesetzt aus Umwelteinflüssen, Meinungen, Erfahrungen und Umständen, die alle wieder eine Ursache haben. Und doch haben wir in jedem Augenblick des Lebens die Möglichkeit, in diese Kette einzugreifen, eine Wirkung zu verändern oder auch eine neue Ursache zu setzen. Doch es gibt nichts außerhalb des Gesetzes, und nichts geschieht im Gegensatz zu ihm.

Das Gesetz selbst hat keine Entscheidungsfreiheit, was es hervorbringen möchte. Es sagt nur: »Wenn ein Schöpfer dies tut, geschieht dies; tut er jenes, geschieht jenes.« Das Gesetz ist der treue Diener des Schöpfers, und jede Wirkung entspricht in Qualität und Quantität immer genau der Ursache.

So gibt es auch keinen Zufall, denn auch er gehorcht dem Gesetz von Ursache und Wirkung. Zufall ist das, was mir auf Grund meines So-Seins zu-fällt. Zufall und Glück sind nur Bezeichnungen für einen nicht erkannten Zusammenhang. Die letzte Ur-Sache hinter allem Sein ist immer die schöpferische Urkraft, die Eine Kraft, die wir GOTT nennen. Die Schöpfung besteht so lange, bis die letzte Ur-Sache sich ausgewirkt hat.

Am spürbarsten wird das Wirken des Gesetzes von Ursache und Wirkung, wenn es für den Menschen als Schicksal in Erscheinung tritt.

Wer lächelt, statt zu toben,
ist immer der Stärkere.

Aus Japan

Das Gesetz des Schicksals

Der Mensch hat die Freiheit der Wahl. Dieser Freiheit aber steht die Konfrontation mit den Folgen seines Tuns gegenüber. Dafür sorgt das Gesetz des Schicksals oder das Gesetz von Ursache und Wirkung, das als *Schicksal* in Erscheinung tritt. – Schicksal ist weder unerforschlicher Ratschluß Gottes noch blinder Zufall. Es ist vielmehr das denkbar gerechteste Gesetz und lautet: »Jeder bekommt das, was er verursacht. Nicht weniger, nicht mehr und nichts anderes.« Das Schicksal ist somit immer ein Maßanzug für unsere individuelle Not-Wendigkeit. Die Auseinandersetzung mit dem Schicksal führt letztlich zu der Begegnung mit der Einen Kraft, die wir Gott nennen.

Der Mensch ist Schöpfer, Träger und Überwinder seines Schicksals. Jeder Gedanke, jedes Gefühl, jedes Wort und jede Tat sind Ursache, deren Wirkungen folgen. Jede Wirkung entspricht in Qualität und Quantität immer der Ursache. Es gibt daher weder Zufall noch Belohnung oder Strafe, sondern nur Ursache und Wirkung. Schicksal ist die Summe der Folgen unserer Entscheidungen. Es ist nicht möglich, zu handeln und der Wirkung zu entfliehen.

Das Gesetz des Schicksals fordert vom Menschen die bewußte Übernahme der vollen Verantwortung für sein Leben und sorgt dafür, daß er so lange mit den Folgen seines Tuns konfrontiert wird, bis er die selbstgeschaffenen Probleme aufgelöst hat und dadurch frei wird. Das Gesetz des Schicksals schreitet also dort ein, wo der Mensch selbst nicht die Harmonie in der Schöpfung herstellen kann.

Das Gesetz hat selbst keine Entscheidungsfähigkeit. Es sagt nur: »Wenn du das tust, geschieht das. Wenn du dies tust, geschieht dies. Du bist der Schöpfer, und du entscheidest.«

Jeder bekommt so, was er verursacht. Und was immer er bekommt, er hat es selbst verursacht, ganz gleich, durch wen es geschieht. Der andere ist immer nur der Bote des Schicksals.

Wer heute einen Gedanken sät, der erntet morgen die Tat, übermorgen die Gewohnheit, dadurch den Charakter und schließlich sein Schicksal. Und doch ist uns die Freiheit der Wahl gegeben, was wir schöpfen wollen. Das Gesetz des Schicksals konfrontiert uns nur mit den Folgen unseres Tuns.

Das Gesetz des Schicksals begrenzt daher auch nicht die Freiheit des einzelnen. Jeder kann frei bestimmen, was er säen will. Ernten aber muß er, was er gesät hat. Was die Menschen Schicksal nennen, ist bei genauerer Betrachtung nichts anderes als Schöpfung. Die Art, wie sich Schicksal äußert, zeigt, wie der Urheber gedacht, gefühlt und gehandelt hat. Jeder Gedanke zieht so nach dem Gesetz der Resonanz gleichartige Energien an und verstärkt so sich selbst. Das gilt ebenso für positive wie auch für negative Bereiche.

Das Gesetz des Schicksals konfrontiert uns ständig mit der Wirklichkeit, daß alles Geschehen in dieser Welt auf dem Prinzip von Ursache und Wirkung beruht: »Was wir gesät haben, das werden wir auch ernten. Und was wir ernten, das müssen wir auch gesät haben. Somit ist das Gesetz des Schicksals ein Aspekt des Gesetzes der Harmonie, welches dafür sorgt, daß ein Pol immer seinen Gegenpol findet, um sich an diesem zu neutralisieren. Das Maß unserer Freuden und Leiden entspricht immer genau dem Maß der Ursachen, die wir schaffen.

Diese Kette von Ursache und Wirkung beginnt weder mit der Geburt, noch endet sie mit dem Tod. Sie verbindet die einzelnen Inkarnationen und schließt sie sinnvoll zusammen. In diesem Leben gestalten wir bereits die Bedingungen unseres nächsten Lebens und können bewußt bestimmen, was wir im nächsten Leben als Schicksal vorfinden wollen. So ist es zu erklären, daß wir, wenn wir geboren werden, nicht aus dem Nichts kommen, sondern unser angesammeltes Schicksal und unseren Charakter mitbringen. Diese Tatsache erklärt, daß ein Kind eine angeborene Krankheit haben kann oder sonst eine Belastung mitbringt. Niemand beginnt beim Punkt Null. Wir tragen die Folgen unseres vorherigen Verhaltens – positiv wie negativ.

Manche von uns müssen sich von liebgewordenen Bildern trennen.

Gott belohnt nicht die Tugend und bestraft nicht die Sünde – die Sünde wird nur von der Sünde »bestraft«. Das Wort Sünde kommt von dem altdeutschen Wort »sinte« und bedeutet nichts anderes als Trennung. Sobald wir aus der Ordnung fallen, sind wir getrennt von der Harmonie des Einsseins mit dem Urgrund des Lebens und damit in Sünde. Diese Trennung ist auch die ganze Strafe.

Diese Strafe aber habe ich selbst verursacht, und nur ich kann die Trennung beenden. Gott wendet sich niemals von uns ab; wir sind es, die unsere Freiheit mißbrauchen. Aber wir können jederzeit in die Harmonie der Einheit zurückkehren. Somit ist jede Handlung, die einen Menschen der Harmonie – und damit Gott näher bringt, eine gute Handlung. Was immer ihn von Gott – und damit der Harmonie – entfernt, ist negativ.

Machen wir uns auch den Unterschied zwischen Schicksal und Bestimmung deutlich. Die Bestimmung des Menschen ist es, die Vollkommenheit seines wahren Seins immer vollkommener zum Ausdruck zu bringen. Wie Jesus sagte: »Ihr sollt vollkommen sein, wie der Vater im Himmel vollkommen ist.« Aber auf welchen Wegen und mit welchen Schritten wir das erreichen, ist unsere freie Wahl – und damit unser Schicksal. Wir können unsere Entwicklung durch falsches Denken aufhalten oder durch richtiges Denken beschleunigen. Aber wir können uns unserer Bestimmung nicht entziehen.

Die Ursache, die wir durch unsere Gedanken und Taten gesetzt haben, werden getreulich in unserer Seele aufgezeichnet. Hier wird unser karmisches Konto geführt, das wir von einer Inkarnation in die andere mitnehmen. Unausgereifte Samenkörper dieses Lebens werden im Boden unseres nächsten Lebens Wurzeln treiben und Früchte bringen. So ist es völlig sinnlos, vor einer schwierigen Situation davonzulaufen, da wir mit dieser Situation so lange konfrontiert werden, bis wir sie gelöst haben.

Unsere »Erbsünde« besteht darin, daß wir in jeder weiteren Inkarnation unser eigenes Erbe antreten. So erkennen wir die Wahrheit des Wortes: »Niemand kann dir Schaden zufügen als du selbst.« Dabei mag es Taten geben, die das menschliche Gesetz nicht bestraft. So gibt es Diebstahl, der sich als Handel verkleidet, und Betrug, der als Geschäft ausgeübt wird. Doch welche Maske wir auch wählen, das Gesetz von Ursache und Wirkung bleibt dennoch gültig.

Die Wirkung dieses Gesetzes können wir im täglichen Leben beobachten. Die Leute, die wir kennenlernen, die Situationen, denen wir ausgesetzt sind, und die Dinge, die uns zugeführt oder genommen werden, alles ist begründet in Ursachen, die wir in der Vergangenheit gesetzt haben. So gibt es weder unverdientes Glück noch unverdientes Leid; es gibt allein Ursache und Wirkung.

Ist ein Mensch sehr unsicher und ohne inneren Halt, dann mangelt es ihm an Selbstvertrauen, Durchsetzungsvermögen und Standfestigkeit. Dadurch macht er es not-wendig, daß er immer wieder mit Menschen konfrontiert wird, die diese Eigenschaften betont haben. Vielleicht heiratet er eine dominante Frau oder bekommt Kinder, die ihm bald »über den Kopf wachsen«. Oder er wird in seinem Beruf mit Menschen konfrontiert, die sich stark durchsetzen.

Nun wäre es ganz falsch, seine Lebenssituation als unabänderliches Schicksal anzusehen. Vielmehr sollte er die dadurch entstehenden Probleme als Auf-Gaben des Lebens erkennen, sie annehmen und lösen, sonst würde er nur später in einer anderen Stellung oder mit einer anderen Partnerin immer wieder mit der gleichen Situation konfrontiert. Dies so lange, bis er gelernt hat, sich durchzusetzen, und damit der Mangel ausgeglichen ist.

So werden wir analog zu diesem Gesetz immer wieder in die not-wendigen Umstände hineingeboren, in denen wir jenen begegnen, die uns Unrecht zufügten oder denen wir Unrecht getan haben; die uns beigestanden haben oder denen wir geholfen haben, bis alles zum Ausgleich gebracht worden ist. Ein ungewöhnliches Beispiel:

Sowohl Präsident Lincoln als auch Präsident Kennedy befaßten sich mit dem Problem der Bürgerrechte. Die Wahl Lincolns erfolgte im Jahre 1860, die Wahl Kennedys im Jahre 1960. Die Amtsnachfolger beider Präsidenten hießen Johnson, waren Demokraten aus dem Süden und Mitglieder des Senats. Andrew Johnson wurde 1806 geboren, Lyndon Johnson 1906. Der Mörder Lincolns, John Wilkes Booth, wurde 1839 geboren; der vermutliche Attentäter Kennedys, Lee Harvey Oswald, 1939. Beide wurden ermordet, ehe ihnen der Prozeß gemacht werden konnte. Beide Präsidenten wurden an einem Freitag im Beisein ihrer Frauen getötet.

Der Sekretär Lincolns hieß Kennedy und riet dem Präsidenten von dem Theaterbesuch ab; der Sekretär Kennedys hieß Lincoln und riet dem Präsidenten vom Besuch in Dallas ab. John Wilkes Booth erschoß Lincoln in einem Theater und flüchtete in ein Lagerhaus. Lee Harvey Oswald schoß auf Kennedy aus einem Lagerhaus und flüchtete in ein Lichtspieltheater. Die Namen Andrew Johnson und Lyndon Johnson bestehen aus je 13 Buchstaben; die Namen John Wilkes Booth und Lee Harvey Oswald aus je 15 Buchstaben. – Alles Zufall?

Auch von anderen wird also Schicksal an uns herangetragen. Wenn Bauern ihre Äcker immer stärker mit Kunstdünger bearbeiten, kommen zu unseren eigenen Sünden noch die Sünden der anderen hinzu. Wenn andere uns ihre Ansichten aufdrängen oder wir deren Überzeugung folgen, so tragen wir auch die Folgen. Denn alles sind nur Angebote des Lebens, die uns nur zu einer eigenen Entscheidung zwingen. Wer wirklich will, findet noch immer genügend natürliche Nahrung, bei einem Überangebot an Essen oder Trinken genügt eine höfliche Ablehnung, und bei fremden Ansichten und Überzeugungen bin ich aufgerufen, mir meine eigene Meinung zu bilden. Denn in jedem Fall trage ich die Folgen, also sollte ich auch bewußt die Ursachen setzen. Solange ich noch die Schuld beim anderen suche, bin ich von der Wahrheit noch weit entfernt.

Doch gibt es auch ein Gemeinschaftsschicksal. Jeder Mensch ist in jeder seiner Inkarnationen eingebunden in Schicksalsgemeinschaften. Das betrifft seinen Partner ebenso wie seine Familie; seine Nation ebenso wie seine Rasse. Doch ganz gleich, ob es sich um die Erfüllung eines Einzelschicksals oder das Schicksal einer ganzen Gruppe handelt, es kann den einzelnen nur treffen, wenn eine entsprechende Ursache *von ihm* gesetzt wurde. Dabei ist es gleich, ob es sich um einen Autounfall handelt oder einen Flugzeugabsturz, einen Krieg oder eine andere Katastrophe – immer haben alle Beteiligten dies nach dem Gesetz der Resonanz angezogen. Das gilt auch für jede scheinbare Ungerechtigkeit, die uns widerfahren kann. Nichts kann uns zufällig treffen, denn auch der Zufall unterliegt dem Gesetz von Ursache und Wirkung.

Negative und zerstörerische Gedankenformen, die die Menschen schaffen, sammeln und entladen sich als Krieg, Revolution, soziale Unruhe oder wirtschaftlicher Zusammenbruch. Auch das Gruppenschicksal fällt auf seine Urheber zurück, weil niemand der ausgleichenden Gerechtigkeit entgeht. Das gleiche gilt für bestimmte Verbrechen oder Seuchen, die für eine Zeit auftauchen und wieder verschwinden.

So ist es auch zu erklären, warum mitten in einer Katastrophe manche Menschen auf wunderbare Weise verschont bleiben. Sie nehmen nicht teil am Gruppenschicksal, obwohl sie dabei sind, weil bei ihnen keine entsprechende Ursache vorhanden ist, die sich verwirklichen könnte. Ähnliches gilt, wenn wir einer Familie oder Nation angehören, die scheinbar ohne unser eigenes Zutun Vorteile genießt. Es kann sich nur manifestieren, was von uns verursacht ist.

Es ist jedoch auch möglich, das Schicksal eines anderen freiwillig als einen Akt wahrer Liebe mitzutragen.

Wenn ich das Wirken des Gesetzes des Schicksals wirklich verstanden habe, dann kann ich jede Unfreundlichkeit, jede Beleidigung oder Undankbarkeit dankbar annehmen, denn sie helfen mir in meiner geistigen Entwicklung weiter als das Lob eines Freundes.

Doch nur wenige sind bereit, die Wirklichkeit hinter dem Schein zu erkennen. Zu erkennen, daß sie doppelt beschenkt werden. Erstens lösen sie wieder einen Teil ihres Schicksals durch Erleben auf, und gleichzeitig erweitern sie ihr Bewußtsein durch die gewonnene Erkenntnis. So ist in den trübsten Erfahrungen das meiste Gold der Erkenntnis enthalten, und der Weise lernt, gerade dafür besonders dankbar zu sein. Denn eine Lektion, die er gelernt hat, muß vom Schicksal nicht wiederholt werden. Jeder Mensch muß aber so lange inkarnieren, bis er die Wirkung aller von ihm gesetzten Ursachen erlebt und damit das Gesetz erfüllt hat.

Das Gesetz des Schicksals kann aber einen Menschen nur erreichen, solange er aus seinem eigenen Willen handelt. Sobald er seinen individuellen Willen in den Schöpfungswillen einfließen und nur noch den Schöpfungswillen durch sich geschehen läßt, ist er ein reiner Ausdruck der Harmonie seines Wahren Selbst und frei von Schicksal.

Was ist Karma?

In unserem westlichen Verständnis verbinden wir mit dem Wort *Karma* immer auch Schuld und Sühne. Wir sind mehr oder weniger bereit, diese Schuld auf uns zu nehmen und geduldig unser Karma »abzutragen« und damit aufzulösen. Das alles entspringt einem falschen Verständnis von Karma. Das Wort stammt aus dem Sanskrit und bedeutet: »Die Tat, das Geschaffene, wirken, tun.«

Es ist daher nicht unsere Aufgabe, unser Karma geduldig zu ertragen oder es so schnell wie möglich aufzulösen, um endlich frei zu werden. Es geht auch nicht darum, gute Taten zu tun, damit wir ein »besseres Karma« bekommen, bzw. es uns verdienen. Sondern das Karma konfrontiert uns nur mit den Folgen unseres Tuns, damit wir das sonst unsichtbare Tun be-greifen und wie in einem Spiegel betrachten können.

Es kann daher nicht sinnvoll sein, den Spiegel so schnell wie möglich aufzulösen, sondern es geht darum, ihn sinnvoll für die eigene Entwicklung zu nutzen, was immer Selbst-Erkenntnis und Selbst-Verwirklichung bedeutet. Was schließlich zu klarem Selbst-Bewußtsein führt. Auf diesem schwierigen, aber interessanten Weg brauchen wir den Spiegel *Karma* zur ständigen Kontrolle, ob wir Fortschritte machen oder bereits vom Weg abgekommen sind. Karma ist daher unser Freund und Helfer auf einem schwierigen Weg, auf den wir nicht verzichten können, wollen wir ihn nicht verfehlen.

Wir beginnen ja auch keinen neuen Tag mit der Absicht, etwas gestern Begonnenes aufzulösen, sondern wollen es freudig fortsetzen. Wir sind in dieses Leben getreten, um das Werk Selbstfindung fortzuführen. Dabei ist uns unser Karma ein geduldiger und zuverlässiger Freund auf dem Weg. Alle Hinwendung zu spirituellen oder geistigen Bereichen hat jedoch keinen Wert, wenn die gewonnenen Erkenntnisse nicht auch praktisch gelebt werden. Viele haben inzwischen große geistige Erkenntnisse erworben, ohne daß sich dies in ihrem Leben sichtbar manifestiert. Hier kann uns ein anderer Lehrer sehr hilfreich sein, den uns das Karma schickt bzw. mit dem es uns zusammenführt – unser Partner!

Karma und Partnerschaft

Da es in diesem Kosmos keinen Zufall gibt, kann auch eine so wichtige Begegnung wie die mit einem Partner nicht zufällig sein. Vielmehr haben wir diese Begegnung frei gewählt, um bestimmte Lernschritte fortzusetzen, die wir in früheren Inkarnationen begonnen haben. Denn wir alle streben, bewußt oder unbewußt, nach der verlorengegangenen Einheit, die uns in dieser dualen Welt besonders schmerzhaft wird. Der Sinn einer Partnerschaft ist daher immer, miteinander und aneinander zu lernen, um schließlich die gesuchte Einheit in uns zu ent-decken.

Das Leben jedes sensitiven, geistig orientierten Menschen ist von der Sehnsucht nach der verlorenen Einheit geprägt, das bedeutet letztlich immer die Suche nach sich *selbst*. Wir leben in dieser Welt der Dualität, weil wir nur hier zur Einheit zurückfinden können. Denn die immer wieder schmerzlich erlebte Dualität hält die Sehnsucht nach der Einheit lebendig.

Der erste Schritt zu dieser Einheit ist die Verbindung mit einem anderen Menschen, mit dem wir zu einer vollkommenen Einheit verschmelzen können. Doch selbst wenn uns das gelingen sollte, stellen wir fest, daß es nur ein erster Schritt ist. Denn Partnerschaft ist nur eine Unterstützung auf dem Weg, die Einheit in uns selbst zu finden; das ist gleichzeitig der ganze Sinn einer Partnerschaft. Kann sie dies nicht – oder nicht mehr – erfüllen, hat sie ihren Sinn verloren und muß sich auflösen.

Der Sinn einer Partnerschaft ist daher nicht, sich mit Hilfe des anderen ein schönes, harmonisches oder gar bequemes Leben zu gestalten. Selbst wenn der andere der ideale Partner für mich ist, vielleicht sogar meine »Dual-Seele«, werde ich gerade durch die Seele, mit der ich am engsten verbunden bin, am stärksten gefordert – und damit gefördert. Schwierigkeiten, die so entstehen, haben also immer nur mit mir und nie mit dem anderen zu tun. Deshalb kann ich sie auch nur in mir lösen.

So haben zwei Menschen, die karmisch verbunden sind, nicht noch »eine Rechnung miteinander zu begleichen«, sondern sie sind sich gegenseitig Chance zu einem schnelleren geistigen Wachstum. Deshalb sollen sie diese Chance bewußt nutzen. Ist diese Aufgabe erfüllt, oder kann sie in der Partnerschaft nicht mehr geleistet werden, dann hat die Partnerschaft ihren Sinn, ihren inneren Gehalt verloren. Halten die beiden trotzdem daran fest, ist das falsch verstandene Rücksicht; Rücksichtslosigkeit gegen den anderen und gegen sich selbst. Denn indem der eine an etwas Überlebtem festhält, kann das, was das Leben jetzt zum Ausdruck bringen will, für beide nicht geschehen. Sie blockieren so ihre weitere Entwicklung.

Eine echte Partnerschaft kann daher nur aus zwei selbständigen, »heilen« Wesen bestehen, die ihre Individualität auch in der Vereinigung mit dem anderen bewahren. Nur so sind wir wirklich bereit, die Schwachstellen anzuschauen, die durch den anderen aufgedeckt werden, können uns in einem kosmischen Bewußtsein und geistiger Offenheit begegnen. Nur so zeigt sich, wie bereichernd und aufregend eine Partnerschaft sein kann, wie sie gedacht ist.

Gott hat uns nicht geschaffen,
um uns in der Not zu verlassen.

Michelangelo Buonarroti

Das Gesetz der Wiedergeburt oder: Die sieben Geburten des Menschen

Da die Lebensspanne eines physischen Körpers viel zu kurz ist, um unseren Seinsauftrag auszuführen und die Vollkommenheit unseres Wahren Selbst vollkommen zum Ausdruck zu bringen, bekommen wir so lange eine erneute Chance, bis wir unseren Seinsauftrag erfüllt haben.

Hierzu werden wir in immer neuen Körpern wiedergeboren. Jeder Körper ist wie eine Schuluniform, die wir für jeden »Schultag« neu bekommen, denn das, was wir ein Leben nennen, ist in Wirklichkeit nur ein Tag in der »Schule des Lebens«. Und wie in der Schule werden wir an jedem Tag mit genau den Lektionen konfrontiert, von unserem »Klassenlehrer«, dem Dr. Alltag, die wir noch nicht gelernt haben und die dem Grad unseres Bewußtseins angemessen sind. Wir haben so Gelegenheit, immer neue Erkenntnisse zu erwerben, um sicherer den nächsten Schritt tun zu können, bis wir eines Tages bereit und fähig sind, den letzten Schritt zu tun – den Schritt in die Vollkommenheit.

Zwischen zwei »Schultagen« gehen wir »nach Hause« und machen unsere »Schulaufgaben«. Das heißt, wir bringen die

Ernte eines Lebens ein, ziehen Bilanz und bereiten uns auf einen neuen »Schultag« vor, indem wir die Kräfte und Fähigkeiten entwickeln, die wir dort brauchen werden. Wenn die Zeit gekommen ist, nehmen wir unseren »Schicksalsrucksack« auf die Schulter und gehen in einen neuen »Schultag«.

Solange wir noch eigen-willig handeln, setzen wir ständig neue Ursachen. Dabei ziehen positive Ursachen positive Wirkungen nach sich und negative Ursachen negative Wirkungen. Doch ganz gleich, ob wir positive oder negative Ursachen gesetzt haben, wir müssen in jedem Fall inkarnieren, um die entsprechenden Wirkungen in Empfang zu nehmen. Erst wenn wir unseren Eigenwillen auflösen und in den Schöpfungswillen einfließen lassen, ent-binden wir uns vom »Rad der Wiedergeburt« und sind frei. Wir sind jedoch erst frei, wenn wir die siebte Geburt durchlebt haben.

Die erste Geburt

Die erste Geburt ist der Beginn der physischen Manifestation durch Zeugung und Empfängnis. Die Verkörperung erfolgt freiwillig, aufgrund der Einsicht der Seele in die Notwendigkeit.

Die Seele ist eine geistige Wesenheit. Bei der Verkörperung bildet sie auf jeder Ebene einen eigenen Körper. Zuerst den *Mental-Körper*, dann den *Astral-Körper* und schließlich den *Physischen Körper*. Dieser physische Körper wird durch das genetische Erbe beider Eltern bestimmt; die beiden anderen Körper erhalten ihre individuelle Prägung durch das So-Sein der Wesenheit aus ihrem *Kausal-Körper*, in dem das bisher angesammelte Schicksal enthalten ist.

In dieser ersten Zeit besteht die ganze Welt zunächst aus dem Mutterleib, und hier erfährt das inkarnierte Wesen seine ersten Prägungen. Da es nicht nur körperlich, sondern auch geistig-seelisch noch eins ist mit der Mutter, erlebt es alle körperlichen Vorgänge der Mutter mit, aber auch alle Gedanken und Gefühle. Es erlebt mit, wie die Mutter erfährt, daß sie schwanger ist und erlebt die Freude oder den Schreck darüber ebenso wie Gedanken der Ablehnung oder gar an Abtreibung. Die Seele des Kindes hat sich ganz der Mutter anvertraut, sich ihr bedingungslos ausgeliefert.

Da aber Ort, Umwelt und Erziehung ein Teil des freiwillig gewählten Schicksals sind, hat die Mutter keine Schuld, wenn sie nicht gleich optimal mit der neuen Situation umgehen kann. Doch ist dies der erste »Eindruck«, den die Seele von diesem Leben erhält, und es ist meist auch ein bleibender.

Nachdem die Seele die Mutter gewählt hat, ruft sie ihr geistig zu, daß sie nun kommen wird. Nicht wenige Mütter vernehmen diesen unhörbaren Ruf, und sie wissen im gleichen Augenblick, daß sie empfangen haben. Die erste Geburt ist erfolgt.

Die zweite Geburt

Die zweite Geburt ist die körperliche Trennung von der Mutter. Wie wir beim Sterben durch einen dunklen Kanal aus dem Leben gehen, so gelangen wir bei der zweiten Geburt durch einen dunklen Kanal in dieses Leben. Doch wenn das Bewußtsein der Mutter bei der Geburt erhoben ist, dann wird dieser dunkle Kanal zu einem »Tor ins Licht«.

Nach der ersten Geburt braucht die inkarnierte Wesenheit neun Monate, um das Instrument des Körpers auf- und auszubauen. Nach der zweiten Geburt benötigt sie zwei bis drei Jahre für die »Inbetriebnahme« des Körpers. Das Bewußtsein der Wesenheit ist dabei noch ganz eins mit der Mutter. Deshalb können kleine Kinder in dieser Zeit auch noch nicht »ich« sagen; es hat sich noch kein Ich-Bewußtsein gebildet. Wenn das Kind also Hunger hat, sagt es nicht:

»Ich habe Hunger«, sondern es nennt sich beim Namen, den man ihm gegeben hat: »Hänschen hat Hunger.«

Diese zweite Geburt ist eine wesentliche Prägung für das ganze Leben, denn so wie wir diese Geburt erleben, so gestaltet sich später unsere Einstellung zum Leben. Erfahren wir diese Geburt als Kampf, wird uns später das ganze Leben als Kampf erscheinen. Ist diese Geburt aber ein schönes Erlebnis, entsteht dadurch in uns das Urvertrauen, daß auch das Leben schön ist.

Durch diese zweite Geburt wird das Kind ein körperlich selbständiges Wesen. Diese zweite Geburt wird in vier Stadien erlebt:

- Zuerst fühlst du dich ungeheuer wohl. Du spürst und genießt das Einssein mit deiner Mutter mit allen Sinnen und bist glücklich. Alles Glück, das du später im Leben erfährst, wird dich tief innen an dieses erste, ungetrübte Glück deines Erdenlebens erinnern.
- Plötzlich aber wirst du in die Hölle gestürzt. Die Gebärmutter beginnt sich überall zusammenzuziehen. Es ist eine bedrückende und scheinbar aussichtslose Situation. Alle aussichtslosen Situationen deines späteren Lebens werden dich an diese verzweifelte Situation erinnern.
- Dann plötzlich öffnet sich der Gebärmutterhals. Eine Chance scheint sich aufzutun, aber gleichzeitig wirst du von allen Seiten unter Druck gesetzt. In diesem Augenblick glaubst du zu sterben, doch es geht weiter, und mit einer letzten großen Anstrengung löst du dich vom Körper deiner Mutter.
- Endlich, nachdem du höchstes Glück und größte Verzweiflung in deiner Mutter erlebt hast, bist du frei. Und so sehr du die Trennung bedauerst, so glücklich bist du auch darüber. In dem Augenblick, als du schon zu erstikken glaubtest, geschieht dein erster Atemzug. Doch du hast keine Zeit, dein neues Glück zu genießen, denn um

dich herum ist alles schrecklich hell und kalt. Und laut. Du bist in der Welt und mußt dich vielen neuen Anforderungen stellen. Zwischen deinem ersten Atemzug, den du gerade getan hast, und deinem letzten liegt das, was wir »ein Leben« nennen. Es hat begonnen.

Die dritte Geburt

Die dritte Geburt ist die Individualisierung des Bewußtseins. So wie sich in der zweiten Geburt der Körper von der Mutter gelöst hat, so löst sich nun das Bewußtsein aus der Einheit mit der Mutter – das Ego erwacht. Die inkarnierte Wesenheit ist zu einem selbständigen Individuum geworden.

Erst jetzt kann sich das Kind als ein Ich begreifen und handelt aus einem eigenen Willen. Aus dem »Wir« ist ein »Ich« und »Du« geworden. Das selbständige Denken beginnt, eigene Gefühle werden erlebt. Das Ich hat eigene Bedürfnisse, die oft recht eigenwillig zum Ausdruck gebracht werden.

Deshalb bezeichnet man diese Phase auch als »Trotzalter«, was aber immer nur ein Hinweis auf eine falsch verstandene Erziehung ist. Denn Erziehung heißt ja nicht, dem kleinen Kind, der Seele, die sich mir anvertraut hat, meine Wertvorstellung oder gar meinen Willen aufzuzwingen. Erziehung heißt in Wirklichkeit, miteinander zu ent-decken, welchen Charakter, welche Persönlichkeit die Seele mitgebracht hat, und ihr zu helfen, zu sich selbst zu finden.

Wird Erziehung so verstanden, tritt der erwachte Eigenwille gar nicht als Trotz in Erscheinung, da die Seele ja freiwillig einer kundigen Anleitung folgt, ja, sie notwendigerweise braucht und sucht.

Diese dritte Geburt bedeutet also, daß die Seele von nun an in die bewußte Erfahrung eintritt, eine ganz besondere und einmalige Individualität zu sein. Ihr zu helfen, sich zu ent-decken und zu sich selbst zu finden, das ist eigentlich mit Erziehung gemeint. Die Ent-Deckung des Selbst kann beginnen.

Die vierte Geburt

Diese vierte Geburt wird allgemein als Pubertät bezeichnet. In dieser Zeit erwacht der Körper und meldet eigene Bedürfnisse und Wünsche an. Gleichzeitig signalisiert uns die Umwelt, daß diese Wünsche nicht gern gesehen werden oder daß sie »unanständig« sind. Das stürzt das Wesen in einen fast unlösbaren Konflikt, in dem es oft auch noch alleingelassen wird. Wem soll es sich anvertrauen? Und doch verlangt die körperliche Reife immer drängender nach einer Lösung. Besonders schwierig wird diese Zeit noch dadurch, daß die körperliche Reife meist früher erfolgt, die geistige Reife aber oft damit nicht Schritt hält. So zwingt uns der Körper zu Entscheidungen, zu denen wir geistig noch nicht reif sind. Eine schwierige Zeit!

In dieser vierten Geburt erwacht aber nicht nur unser Körper, sondern auch das starke Verlangen nach Gemeinschaft. So sucht der heranwachsende Mensch die Gesellschaft seinesgleichen. Er spricht so wie die anderen, kleidet sich so wie sie, und das Schlimmste, was ihm in dieser Zeit passieren kann, ist, ausgestoßen zu werden. Er nimmt vieles auf sich, nur um das zu vermeiden.

Diese vierte Geburt zwingt das Wesen also, auf das Du zuzugehen, sich darum zu bemühen, das Paradies der verlorenen Einheit wiederzufinden. Durch die freiwillige Einordnung in die selbstgewählte Gemeinschaft – ob mit einem Partner, ob in der Gruppe –, lernt das Wesen auch, den erwachten Eigenwillen zu zügeln und zurückzunehmen, damit Gemeinschaft überhaupt möglich wird. Der junge Mensch lernt, daß seine Freiheit da endet, wo das Recht des anderen beginnt.

Nach Abschluß dieser vierten Geburt ist der Mensch erwachsen, doch die meisten Menschen sterben, bevor diese vierte Geburt wirklich abgeschlossen ist. Sie werden nicht wirklich erwachsen, sie werden nur alt. Die vierte Geburt ist erst vollendet, wenn der Mensch gelernt hat, selbständig und aus eigener Verantwortung heraus dem Ganzen gegenüber zu handeln.

Die fünfte Geburt

In der fünften Geburt erkennt das Wesen sein Wahres Selbst. Erst nach dieser Geburt ist es sich wieder bewußt, ein individualisierter Teil des Einen Bewußtseins zu sein, das wir Gott nennen. Die Seele erkennt sich als vollkommenes und unsterbliches Bewußtsein. Sie weiß, daß sie immer war und immer sein wird.

Durch diese Geburt findet der Mensch vom personalen, egoistischen Ich zum transpersonalen, ewigen Selbst. Er erkennt sich wieder als Ebenbild Gottes, als das er geschaffen wurde. Als Wesen, in dem sich das Wesen Gottes spiegelt.

Durch diese fünfte Geburt lernt der Mensch das, was die Griechen »Metanoia« nennen: umzudenken, über die Grenzen hinauszudenken. Alles, was bisher so wichtig schien, Erfolg, Geld, Anerkennung, Macht, werden unwesentlich. Alles Geistige, das bisher nebensächlich schien, wird zum einzig Wichtigen. Die eigene spirituelle Entwicklung rückt in den Mittelpunkt des Interesses, wird zum Inhalt und Sinn des Lebens. Die Weisen des Mittelalters nannten dies die »Umstellung der Lichter«. Von nun an geht es vor allem darum, das Entwicklungsziel des Menschen, die Vollkommenheit, möglichst ohne Umweg zu erreichen.

Durch diese fünfte Geburt erkennt der Mensch sich selbst als seine Hauptaufgabe. Er erkennt, daß er dem Ganzen nur in dem Maß dienen kann, wie er selbst sein Wahres Selbst ent-wickelt hat. Diese fünfte Geburt kann jeder in jedem Augenblick erleben. Das kann von einem Augenblick zum anderen geschehen oder Schritt für Schritt. Eine solche geistige »Sturzgeburt« bringt jedoch einige Schwierigkeiten mit sich, weil der Mensch von einem Augenblick zum anderen in einer ganz anderen Welt lebt, in der er erst das Zurechtfinden lernen muß.

Deshalb ist es auch nicht sinnvoll, durch »Intensivkurse« diese geistige Geburt herbeizuführen. Es entsteht dadurch nur eine geistige »Frühgeburt«, die oft für das tägliche Leben untauglich ist. Das heißt, die geistige Geburt braucht sorgfältige Vorbereitung und verantwortungsvolle Hilfe, denn sie ist, wie die körperliche Geburt, der Anfang eines ganz neuen Lebens.

Ein auf diese Weise geistig Geborener hat auf der spirituellen Ebene die gleichen Schwierigkeiten wie ein Baby auf der materiellen Ebene. Er muß alles noch einmal neu lernen.

Leben heißt lernen. Vertrautes auf einer immer höheren Ebene neu lernen.

Vor der Geburt bin ich noch ganz in der Einheit. Mit der physischen Geburt erfolgt die körperliche Trennung. Ich muß lernen, allein zu sein, um dann Schritt für Schritt wieder bewußt in die Einheit mit allem zurückzukehren. Zunächst mit meiner Mutter, mit meiner Familie; dann eins zu werden mit meinen Schulkameraden, den Freunden, einem Partner. Letztlich kann ich die Einheit erleben mit allen Menschen, mit Pflanzen und Tieren, um zum Schluß wieder eins zu sein mit Gott, indem ich Gott in allem erkenne und erlebe.

Mit der Geburt erfolgt der erste Atemzug. Damit trete ich in Kontakt mit der Umwelt. Das Leben zwingt mich zum »Teilnehmen«, denn ohne Atem kann ich nicht leben. Letztlich lasse ich den Atem wieder los und erlebe: »Es atmet mich!«

Nach der Geburt versuche ich zunächst einmal, die Dinge dieser Welt zu erkennen. Später sichte ich die Umstände meines Lebens und verschaffe mir Übersicht. Allmählich komme ich so zur Klarsicht, werde immer weitsichtiger und erkenne die Wirklichkeit hinter dem Schein. Ich komme zur Ein-Sicht: Ich sehe und erkenne den Einen in allem.

Sobald ich geboren bin, versuche ich die Dinge um mich herum zu erfassen und zu begreifen. Ich lerne, zu handeln, zu geben und zu nehmen, zu fühlen, zuzupacken und auch mich selbst allmählich zu begreifen. Ich lerne, die Chancen zu ergreifen, die das Leben mir bietet; ich begreife allmählich die geistige Ordnung, die die ganze Schöpfung durchdringt und trägt.

Ich lerne mich immer sicherer fortzubewegen. Auch geistig lerne ich, mich fortzubewegen, indem ich meine Schritte bewußt auf dem Weg zum Ziel bestimme, um wieder in die Einheit zu gehen.

Anfangs kann ich nur schreien, dann lerne ich zu babbeln und endlich zu reden. Ich lerne, mich verständlich zu machen. Zuerst deutlich zu reden, später lerne ich Rhetorik und Dialektik, ja sogar Fremdsprachen. Vielleicht lerne ich auch die »Sprache des anderen« zu sprechen und komme so allmählich zu liebevoller, hilfreicher Kommunikation. Ich lerne, mich mit-zu-teilen und die richtige Ebene beim anderen bewußt anzusprechen. Irgendwann beherrsche ich vielleicht die schönste Form des Redens, das Segnen.

Anfangs stecke ich alles, was ich erfasse, in den Mund. Allmählich lerne ich zu unterscheiden, sogar zu genießen. Ich lerne, gründlich zu kauen, bewußt zu essen und das, was ich esse, von Materie zu einer immer höheren Energie zu transformieren. Und letztlich lerne ich mich auch geistig richtig zu ernähren.

Irgendwann lerne ich dann auch lesen. Nicht nur in Büchern, sondern auch in Gesichtern. Ich erkenne den Charakter und die Gesundheit oder Krankheit. Ich lese in den Augen der Menschen und lerne eine Aus-lese zu treffen.

Letztlich lerne ich vielleicht sogar im »Buch der Schöpfung« zu lesen.

Ich kann mich entscheiden: Will ich aus meinem Leben ein Kunstwerk machen? Ich lerne allmählich, erwachsen zu werden und nicht nur alt. Ich erwache selbst und übernehme Verantwortung für mich und die anderen. Ich werde so immer selbständiger, übe meine Berufung als Beruf aus und treffe die richtigen Entscheidungen.

Natürlich muß ich auch lernen, Geld zu verdienen. Ich erfahre, daß erst das Dienen kommt und dann das Verdienen. Aber ich verdiene mir auch Anerkennung. So komme ich allmählich zur Selbst-Achtung und Selbst-Erkenntnis. Ich erkenne, daß es keinen Zufall gibt und komme schrittweise zu immer höheren Erkenntnissen. Sie sind das einzige, das ich aus diesem Leben mitnehmen kann. Ich verdiene mir letztlich meine Ein-Weihung, indem ich mich ganz dem Einen weihe.

Ich erkenne, daß das Leben auch durch mich erfolgreich sein möchte, und lerne Schritt für Schritt erfolgreich zu sein: in der Familie, der Schule, im Beruf und in der Partnerschaft. Immer klarer erkenne ich den Sinn des Lebens; ich erlebe es, bewußt auf dem Weg zu sein, mich zu ent-wickeln und zu ent-falten, und erlebe den größten Erfolg des Lebens: zur Ein-Sicht zu kommen.

Als letztes lerne ich, immer bewußter zu *sein*. Absichtslos und gelassen zu sein. Nach meiner Ein-Weihung einfach zu *sein*. Der Kreis ist geschlossen, ich bin am Ziel und damit am Anfang eines neuen Weges.

Die Bestimmung jeder Seele, der sie sich nicht entziehen kann, ist es, vollkommen zu werden. Das heißt zu werden, was sie ist und immer war. So durchläuft sie so lange immer neue Inkarnationen, bis dieses Ziel der irdischen Verkörperung erreicht ist. Dabei geht zwar das erworbene Wissen immer wieder verloren, aber die einmal erlangte spirituelle

Reife bleibt erhalten. Deshalb sucht sich eine fortgeschrittene Seele die geeigneten Eltern und Lebensumstände aus, durch die sie sich am besten weiterentwickeln kann.

Die fünfte Geburt ist also die wesentliche, die geistige Geburt! Der erste Schritt zur geistigen Geburt ist zu erkennen, wer ich wirklich bin: Bewußtsein, Energie, die sich in einem Körper manifestiert hat. Zu erkennen, daß ich unsterblich bin – ich war immer und werde immer sein, denn: *Ich bin!*

Ich muß nicht nur in jedem Körper, den ich bewohne, neu geboren werden, ich muß auch in die geistige Welt, in die Erkenntnis der Ordnung der Geistigen Gesetze und die Erkenntnis meines Wahren Selbst neu geboren werden.

So wie die Erleuchtung ein Prozeß ist, der zwar in einem Augenblick beginnt, sich dann aber Schritt für Schritt vollzieht, so ist auch die geistige Geburt ein Prozeß. Er vollzieht sich, indem ich eine Grenze nach der anderen aufhebe und so immer weiter werde, bis ich grenzenlos, allumfassend und wirklich frei geworden bin. Bis ich wieder ganz eins geworden bin. Ich muß den Weg des Buddha gehen, bis ich die Illusion des Ichs aufgelöst habe. Dann bin ich wieder geworden, was ich immer war: *Ich selbst!*

Der Weg des Buddha

In seiner Jugend lebte er als Prinz, umgeben von Luxus in einem Palast, abgeschirmt von der Welt. Als er eines Tages den Palast verließ und das Elend und Leid um sich herum sah, war er verzweifelt. Er konnte nicht erkennen, warum es soviel Leid auf der Welt gab, und suchte eine Antwort. Und so faßte er einen Entschluß – er machte sich auf den Weg.

Er zog von einem Meister zum anderen, immer auf der Suche nach einer Antwort auf seine drängenden Fragen, doch keiner konnte ihm eine wirkliche Antwort geben. So vergingen sieben lange Jahre, in denen er immer verzweifelter wurde. Eines Tages saß er unter einem uralten Boddhibaum und gab auf. Gab all seine Hoffnungen auf, doch noch eine Antwort zu finden, aber auch seine ganze Verzweiflung, ließ alles los und ergab sich Gott.

Und in diesem Augenblick geschah das Wunder – er gelangte zur Erleuchtung. Er erkannte, daß er gar nichts wirklich Hilfreiches tun konnte und überließ sich dem Wirken des Schöpfers. Er erkannte Gott in sich – sein Wahres Selbst! Er war einverstanden mit dem Leben und mit dem, was Gott mit ihm vorhatte und im gleichen Augenblick geborgen im großen Ganzen. Er erkannte sich als all-ein, und das gab ihm Ruhe und Zuversicht. Er war nur der stille Beobachter, der zusah, wie Schöpfung geschieht.

Nicht er handelte mehr, sondern »es« handelte durch ihn. Er überließ sich ganz dem Geschehen, wagte den Sprung in den Fluß des Lebens und ließ sich tragen.

Wenn alles von uns abfällt, was uns ausmacht, sind wir frei von der Illusion des Ichs, und wir werden zum Selbst. Es ist nichts mehr zu tun – alles ist geschehen und geschieht ewig. Alles ist plötzlich ganz einfach.

Wenn wir die Vollkommenheit unseres Wahren Selbst immer vollkommener in unserem Leben zum Ausdruck bringen, leben wir nicht nur im Wohlstand auf allen Ebenen des Seins. Wir erleben vor allem wahre Selbst-Verwirklichung und damit unsere geistige Geburt. Wenn Sie es zulassen, treten Sie in diesem Augenblick in eine neue Dimension Ihres Seins ein. Alles, was bisher so wichtig erschien, Erfolg, Reichtum und Macht – wird völlig unwichtig. Das, was bisher weniger wichtig war – Entwicklung und Erkenntnisse – wird nun der eigentliche Lebensinhalt.

So wie die körperliche Geburt zwei Eltern braucht, so braucht auch die geistige Geburt zwei: Weisheit und Liebe.

Ohne Weisheit und Liebe kann niemand seine geistige Geburt erleben. Keine von beiden kann allein die geistige Geburt bewirken, es sind beide dazu notwendig. Diese vollkommene und endgültige Auferstehung des neuen Menschen geschieht nicht plötzlich, sondern Schritt für Schritt. Doch wenn das Licht in uns einmal erwacht ist, wird es nie mehr verlöschen.

Auch wir leben, wie Buddha in seiner Jugend, anfangs in einem Palast der eigenen Vorstellungen, abgeschirmt von der Welt draußen. Erst wenn wir geistig erwachsen werden, erkennen wir die Wirklichkeit hinter dem Schein, lösen die eigenen Vorstellungen immer mehr auf und fangen an, mehr und mehr in der Wirklichkeit zu leben.

Und wie Buddha machen auch wir uns eines Tages auf den geistigen Weg, um Antworten auf unsere drängenden Fragen zu finden. Auch wir ziehen von einem Meister zum anderen. Zuerst heißt unser Meister vielleicht Anerkennung, dann Erfolg, Geld oder Macht. Doch bei diesen Meistern werden wir keine brauchbare Antwort auf unsere Fragen finden.

Erst wenn auch wir eines Tages unter dem Boddhibaum sitzen, die alten Meister verlassen haben und einen neuen Meister gefunden haben mit dem Namen »Erkenntnis«, kann von einem Augenblick zum anderen das Wunder geschehen: Wir erkennen uns selbst und damit Gott. Alles Suchen hat ein Ende, wir sind von einem Augenblick zum anderen am Ziel. Die Seifenblase der Illusion des Ichs ist geplatzt – wir sind zur Ein-Sicht gekommen. Wir erkennen den Einen in allem.

Doch das ist erst der Anfang der Erleuchtung, der Anfang des Prozesses, der sich so lange fortsetzt, bis wir uns nicht nur erkannt haben, sondern wir selbst geworden sind, um fortan als Meister zu leben. Doch wenn Sie glauben, das sei das Ziel, sollten Sie wissen: Jetzt geht es erst richtig los! Dann erkennen Sie, daß alles bis dahin nur Vorbereitung war auf den Beginn des eigentlichen Lebens. Also halten Sie sich mit der Vorbereitung nicht allzulange auf! Lassen Sie die geistige Geburt geschehen. Fangen Sie an, als Meister zu leben – als Sie *selbst*!

Viele Menschen zweifeln daran, daß es in unserer hektischen Zeit möglich ist, den geistigen Weg zu gehen. Viele glauben auch, das bedeute, Haus und Familie zu verlassen, um ein Leben in Einsamkeit und Meditation zu führen. Ein solches Gebot der Enthaltsamkeit und ein solcher Verzicht auf materiellen Wohlstand trennen nur die spirituelle Seite des Lebens von der materiellen. Sie verfehlen die Ganzheit.

Viele glauben auch, das tägliche Leben würde die geistige Entfaltung behindern. In Wirklichkeit aber ist es umgekehrt. Geistige Reife ist nicht in der Isolation zu erreichen, das kann bestenfalls ein hilfreicher Schritt sein. Sie muß vielmehr so stark werden, daß sie sich in der äußeren Welt bewährt. Jedes Bestreben, sich zurückzuziehen, sich abzuwenden von den alltäglichen Dingen, trennt in Wirklichkeit vom lebendigen Strom des Lebens.

Der richtige Platz für meinen geistigen Weg ist immer dort, wo ich gerade stehe. Nur von dort aus kann ich den nächsten Schritt tun. Auf diesem Weg ist mein Ego Freund und Versucher. Ist mein wichtigster Lehrer auf dem Weg zur Selbstverwirklichung. Wie schwer das Leben ist, entscheide ich selbst, denn das Leben ist immer nur so schwer, wie ich es nehme.

Ich brauche im Leben auch nicht dafür zu sorgen, daß ich weiterkomme, sondern brauche nur dankbar anzunehmen, was das Leben mir schenkt, die Chancen zu nutzen, die es mir bietet. Ich erkenne, ich bin das Licht der Vollkommenheit in meinem Inneren. Ich ent-wickle das Licht, indem ich alles loslasse, was nicht zu diesem vollkommenen Licht gehört. Ich entscheide, was in meinem Leben geschieht. Denn woraufich mein Bewußtsein richte, das verwirklicht das Leben.

Solange ich noch denke: »Gott ist in mir«, trenne ich mich noch von ihm. Ich erkenne mich als individualisierten Teil Gottes. Schöpfer und Geschöpf sind identisch – *sind eins*!

Vollkommen sein heißt also nicht, gut sein zu wollen. Solange ich versuche, ein Ideal zu leben, trenne ich mich von ihm. Vollkommen sein heißt »heil« zu sein, ganz ich selbst zu sein.

Als Meister will ich nicht mehr die Umstände ändern, sondern mich selbst. Ich komme immer mehr zur Ein-Sicht, um so im Ein-Klang zu leben mit allem. Sobald ich das höchste Bewußtsein im anderen erkenne und anspreche, lösen sich alle Auseinandersetzungen und Konfrontationen von selbst.

Es gibt keinen Grund, auf etwas zu warten, denn der Erlöser wartet auf seine Geburt in mir. Ich kann sie beschleunigen, indem ich meine Gedanken heile und Worte und Taten folgen lasse. Indem ich nur noch das tue, was aus dem Herzen kommt, ist alles Tun Heilung. Dann ruhe ich in mir. Dann erkenne ich mich – Gott – in jedem anderen.

Die sechste Geburt

Die sechste Geburt ist die Selbst-Beherrschung. Das heißt, der Mensch hat seinem Wahren Selbst die Herrschaft über Leben und Sein übergeben. Das Ego hat sich als Ausdruck Gottes erkannt, als individualisierten Aspekt seines Willens. So lebt der Mensch mehr und mehr aus der »inneren Führung«.

So wie die Seele bei der ersten Geburt durch Zeugung in die materielle Welt trat, tritt sie nun als Zeuge seines Willens in der geistigen Welt auf. Das Zeugnis seines Willens ist zur eigenen Über-Zeugung geworden. Wer so überzeugt ist, der kann nicht nur andere überzeugen, sondern sein gesamtes Leben legt Zeugnis ab für die innere Überzeugung. Von nun an lebt er, was er sagen will.

Wie das Kind nach der zweiten Geburt als selbständiges Wesen in die materielle Welt eingetreten ist, so tritt der Mensch nach der sechsten Geburt nun bewußt und selbständig handelnd in die geistige Welt ein. Alle Bindungen und Abhängigkeiten sind gelöst. Er folgt frei nur noch der Stimme seines Gewissens. Äußere Gebote können nur noch in dem Maß beachtet werden, wie sie mit dem eigenen Gewissen in Einklang stehen.

Wie bei der dritten Geburt das Ego erwachte, so ist durch die sechste Geburt das *Ich bin* erwacht, die bewußte Einheit mit Gott in allem. Durch das Erwachen des Egos war ich plötzlich getrennt von allem. Durch das Erwachen meines Wahren Selbst, des *Ich bin* in mir, bin ich wieder zurückgekehrt ins Paradies der Einheit mit allem.

Die siebte Geburt

Die siebte Geburt ist die Selbst-Vollendung. Wollen und Tun sind identisch geworden, Absicht und Tat eins. Der Eigenwille ist eingeflossen und eins geworden mit dem Schöpfungswillen. Das ganze Leben ist ein sichtbar gewordener Ausdruck Seines Willens.

Gott lebt in mir und wirkt durch mich. Wo immer ich bin, ist Gott; was immer ich tue, tut Gott. »Der Vater und ich *bin* eins.« Es gibt keine Zweifel und keine Bedenken mehr. Mein gerichtetes Bewußtsein ist ein reiner Kanal für das Wirken der Einen Kraft, die wir Gott nennen.

Der individualisierte Teil des einen Bewußtseins, das ich bin, steht ständig mit dem Ganzen in Verbindung, ist allumfassend geworden und schließt alles Sein ein. Da ist kein Ich und kein Du mehr. Alles ist eins. Alles Wissen ist in mir, die Antwort auf alle Fragen. Ich habe mich als Aufgabe gelöst und bin frei, dem Ganzen zu dienen.

Durch die siebte Geburt hat die *Schöpfungsidee Mensch* ihren höchsten Ausdruck gefunden. Das Ziel ist erreicht. Nun beginnt das eigentliche Leben. Denn erst durch die siebte Geburt habe ich die Voraussetzung geschaffen, daß mir eine erste Aufgabe in der Schöpfung übertragen werden kann: Das wahre Spiel des Lebens kann beginnen.

Der Vollkommene ruht gelassen in seiner Mitte und läßt das Leben aktiv durch sich geschehen. Er hat keine persönlichen Wünsche und Absichten mehr. Er hat sich selbst erkannt als Ausdruck der Einen Kraft des *Ich bin*. So ist er offen und frei von jedem Egoismus. Die Sünde der Trennung ist beendet; er ist fähig, die Wahrheit hinter allem Schein zu erkennen.

Da er sich als In-dividuum, als ungeteilt und eins mit allem erkannt hat, kann er auch sich selbst ganz zulassen: seine Gedanken und Gefühle, seine Bedürfnisse, sein So-Sein. Er kann sich annehmen und lieben, so wie er ist. Ebenso kann er auch jeden anderen annehmen in seinem So-Sein. Er will weder haben noch etwas erreichen und erlebt die Ewigkeit in jedem Augenblick. Er lebt in einer unbegrenzten inneren Freiheit, ist bescheiden und zuverlässig, aber folgt nur noch seinem Gewissen, dem inneren Erkennen der Wahrheit.

Er kann alles ertragen, sich mit allen vertragen und alles aktiv mittragen. Er lebt in der allumfassenden Liebe. Er ist nicht mehr von dieser Welt, sondern nur noch *in* dieser Welt, und das ganze Leben ist zur reinen Freude geworden. Er lebt in der Glückseligkeit, jederzeit bereit, jedem Teil des Ganzen, die Wahrheit und Freude in sich zu ent-decken. Er braucht keinen Weg mehr, er ist selbst zum Weg geworden. Und in jedem Augenblick am Ziel!

Wie komme ich dazu, immer etwas sein
zu müssen, anstatt einfach zu sein?

Heinrich Zimmer

Das Gesetz der Gnade

Gnade ist der Geist Gottes, der durch den Menschen wirkt und ihn sicher führt und verwandelt – sobald er darum bittet. Sobald ich um Führung bitte, erhalte ich sie im Ausmaß meiner Bitte. Eine Wirkung des Gesetzes der Gnade ist das Recht des Menschen, jederzeit aus der Unwissenheit in das Licht der Erkenntnis zu treten, sein geistiges Erbe der Vollkommenheit anzunehmen.

Gnade ist, daß ich beten darf und immer erhört werde, *wenn ich Erfüllung nur zulasse.* Gnade ist auch, daß Gott immer wieder in Zeiten der Not CHRISTUS (erleuchtetes Bewußtsein) inkarnieren läßt. Gnade ist, daß wir der allumfassenden Liebe Gottes jederzeit und überall teilhaftig werden können, indem wir uns ihr zuwenden und uns ihr öffnen.

In der Gnade zu leben bedeutet, offen und empfänglich zu sein. Es bedeutet nicht, sich von der äußeren Welt abzuwenden, sondern sie mit dem Geist Gottes zu erleuchten. Der Mensch aus sich vermag nichts, Gott im Menschen aber alles.

Manche glauben, daß Gnade im Widerspruch zum Gesetz des Schicksals stehe, nach der jede selbstgesetzte Ursache auch als Wirkung erfahren werden müsse. Dieses Gesetz wirkt absolut, das Wirken der Gnade aber bietet dem Menschen die Freiheit der Wahl: den königlichen Weg der Erkenntnis zu gehen oder den normalen Weg von Krankheit und Leid. Beide Wege führen letztlich zur Ein-Sicht und machen den Menschen bereit für die Gnade.

Karma als Gnade

Unser Seinsauftrag lautet unmißverständlich: »Ihr sollt vollkommen sein, wie der Vater im Himmel vollkommen ist.« Aber reicht ein Leben dafür aus? Oder hat Jesus uns da einen undurchführbaren Auftrag gegeben?

Erkenne ich die Wirklichkeit hinter dem Schein, ist Karma Ausdruck der Liebe Gottes und damit Gnade. Sie besteht darin, daß er uns nicht nur zur Vollkommenheit berufen hat, sondern uns durch das Gesetz des Karma auch mit absoluter Sicherheit zu diesem Ziel führt. Daher gibt es auch kein »gutes« oder »schlechtes« Karma, da beide zum gleichen Ziel führen.

Das bedeutet, daß auch Krankheit, Leid und Verlust Auswirkungen der göttlichen Gnade sind. Denn sie sind ja in Wirklichkeit unübersehbare Hinweise dafür, daß wir vom rechten Weg abgekommen sind, und fordern uns auf, auf diesen Weg zurückzukehren.

Würde falsches Handeln nicht durch eine schmerzhafte Erfahrung bewußt gemacht, wir würden es meist nicht bemerken. So ist auch Schmerz Gnade, und unser Schicksal ist immer ein spezieller »Maßanzug«, für uns geschaffen. Alles, was mir widerfährt, will mir nur dienen und helfen. Daher ist alles gut, so wie es ist.

Wir belohnen oder bestrafen uns selbst, indem wir uns unserem Wahren Selbst und damit Gott nähern oder uns von ihm entfernen. Entfernen wir uns von ihm, leben wir in Sünde, was nichts anderes heißt als Trennung. Wir werden also nicht von Gott für unsere Sünden bestraft, sondern *von* unseren Sünden.

Karma wird uns also nicht von außen auferlegt, sondern von uns selbst: durch unser Denken, Fühlen und Handeln. Alles, was mir widerfährt, habe ich not-wendig gemacht. Das Leben konfrontiert mich mit jeder Lektion, die ich brauche, nicht die mein Ego sich wünscht!

Das Gesetz des Karmas fordert von uns aber auch die bewußte Übernahme der vollen Verantwortung für die Folgen unseres Tuns. Wir alle sind Schöpfer und haben die Freiheit, zu schöpfen, was immer wir wollen. Das Gesetz konfrontiert uns nur mit den Folgen unseres Tuns und zeigt uns so eine eventuell falsche Wahl. Durch das Gesetz wird es unmöglich, eine Handlung zu tun und deren Wirkung zu entfliehen.

Jede Lektion, die ich bewältigt habe, löst einen Teil dessen auf, was mich von der Erkenntnis der Wirklichkeit meines Wahren Seins und von der Einheit mit allem trennt. Lerne ich aber meine Lektion nicht, löse ich die Aufgabe des Lebens nicht, wird diese Aufgabe vom Gesetz so lange wiederholt, bis ich sie gelöst habe. Ich bekomme »Nachhilfeunterricht« vom Schicksal.

Das Gesetz des Schicksals hat keine Entscheidungsmöglichkeit. Und doch beinhaltet die Gnade Gottes auch, daß sich jeder in jedem Augenblick vom Karma befreien kann, indem er seinen eigenen Willen in den Willen Gottes einfließen läßt. Das Gesetz kann ihn nur erreichen, solange ein Ego da ist, das in der Illusion des Getrenntseins lebt und daher eigenwillig handelt. Sobald die Illusion des Getrenntseins aufgelöst und damit kein Ich mehr da ist, das eigenwillig handeln könnte, kann das Gesetz niemand mehr erreichen.

So gibt es nichts in diesem Leben, wofür ich nicht von Herzen dankbar sein könnte. Danken sollte ich auch für die

Gnade dieser Erkenntnis, die es mir ermöglicht, mich jederzeit aus der selbstgeschaffenen Hölle des Egoismus und der Geistesblindheit zu entfernen, um zurückzukehren in das Licht der Wirklichkeit meines Wahren Seins.

Der Bogen bricht, wenn er zu sehr gespannt ist. Aber die Seele verliert ihre Kräfte durch untätige Ruhe.

Plutarch

Das Gesetz des Glücks

Nichts, was man im Außen haben kann, macht wirklich glücklich. Glück kann man nicht besitzen. Glücklich kann man nur sein. Solange ich das Glück außen suche, wird meine Suche vergeblich sein. Das Glück kann ich nur in mir finden. Ich finde das Glück in mir, indem ich bedingungslos ja sage zum Leben, so wie es ist. Wann immer ich leide, habe ich irgendwo zum Leben nein gesagt. Und nur ich allein kann das ändern. Wenn ich mein Glück nicht mehr von den Umständen abhängig mache, kann ich es überall mit hinnehmen; ich kann in jeder Situation glücklich sein.

Doch schon sehr früh machen wir unser Glück von irgendwelchen Umständen abhängig. Das Kleinkind glaubt: »Wenn ich erst einmal in den Kindergarten darf und täglich mit den anderen Kindern zusammen bin, dann bin ich glücklich.« Ist es soweit, sagt es sich: »Wenn ich erst einmal groß bin und zur Schule darf, dann bin ich glücklich.«

Nach ein paar Jahren: »Wenn ich erst einmal die Schule hinter mir habe, dann bin ich glücklich.« Dann beginnt die Lehre und so weiter und so weiter... Irgendwann ist das »Kleinkind« plötzlich alt – aber glücklich ist es noch nicht.

Beim Warten auf das Glück hat es das Leben vergehen lassen, ohne das Glück zu finden.

Sie aber können in diesem Augenblick anfangen glücklich zu sein, indem Sie bedingungslos ja sagen zum Leben, so wie es ist! Das heißt nicht, daß es so bleiben muß, denn Sie haben in jedem Augenblick die Chance, Ihr Leben von Grund auf zu ändern. Machen Sie Ihr Glück nicht mehr vom Erreichen eines Zieles abhängig! Glücklichsein heißt in Wirklichkeit, mit mir und dem Leben in Harmonie zu sein, den Platz, an dem ich stehe, optimal und jeden Augenblick zu erfüllen. So reihe ich einen erfüllten Augenblick an den anderen – zu einem erfüllten Leben und bin glücklich.

Jeder, der zur wahren Erkenntnis durchdringen will, muß den Berg Schwierigkeiten allein erklimmen.

Helen Keller

Das Gesetz des Dankens

Wahres Danken erhebt mich über alle Schwierigkeiten des Lebens. Danken Sie von Herzen für etwas, das Sie noch nicht haben, so, als hätten Sie es bereits – und Sie werden es haben! Das Geheimnis des unaufhörlichen Dankens läßt den Glauben tätig werden, der Berge versetzt.

Wie vieles ist in unserem Leben vollkommen in Ordnung, das wir einfach achtlos annehmen! Und immer wieder schauen wir auf das Wenige, das gerade nicht oder noch nicht in Ordnung ist. Vielleicht ändert es sich gerade in diesem Augenblick und braucht nur noch etwas Zeit. Vielleicht wäre es (noch) gar nicht sinnvoll, würde es in mein Leben treten, und ein liebevolles Schicksal bewahrt mich vor den Folgen meiner eigenen Unwissenheit.

Indem ich mein Herz mit Dankbarkeit für jeden Umstand in meinem Leben erfülle, beginnt die höchste Kraft des Universums durch mich zu wirken. Denn ein dankbares und liebevolles Herz ist der reinste Kanal für das Wirken der Einen Kraft, die wir GOTT nennen. Alles, was so in meinem Leben geschieht, ist der reinste Wille Gottes. Das Beste, das mir widerfahren kann. Und dafür bin ich dankbar.

Vom Umgang mit der Welt

Das Sein tritt auf drei Ebenen in Erscheinung. Auf jeder Ebene gibt es verschiedene Arten des Umgangs mit dem, was ist. Die erste Ebene ist die *Ebene der Wirkungen.*

Mit dieser Ebene befassen sich die meisten Menschen und nennen dies »Realität«. Mit dieser »Realität« kann man auf verschiedene Weise umgehen, zum Beispiel aggressiv ablehnend:

Ich kann die Realität zwar nicht begreifen, aber ich habe die Macht, sie zu zerstören.

Oder sehnsüchtig hingezogen: Meine Liebe äußert sich noch als »Habenwollen«. Als verliebter Teenager begehre ich den Partner, will ihn ganz für mich und bin eifersüchtig, wenn er sich einem anderen zuwendet. Ich will seine ganze Liebe, Aufmerksamkeit und Anerkennung für mich haben. Die gleichen Strukturen erlebe ich dann als »Erwachsener« in immer neuer Form.

Oder neutral beobachtend:

Bei dieser Art des Umgangs mit dem, was ist, werde ich möglicherweise Wissenschaftler. Ich befasse mich mit allem, was man sehen, messen und in Bezug setzen kann, und erkenne so immer mehr die innewohnende Gesetzmäßigkeit der Dinge. Wo eine Gesetzmäßigkeit ist, muß aber auch ein Gesetzgeber sein, und so suche ich nach der »Ursache« der Wirkungen.

Die nächste Ebene ist die der *Ursachen*. Als Bauer komme ich mit dieser Ebene immer wieder in Berührung. Ich kann eine Ursache setzen, indem ich etwas säe, und so die entsprechende Wirkung hervorbringen. Als Wissenschaftler erkenne ich hinter den Erscheinungen die Wirkung der Naturgesetze als Ursache, aber irgendwie stellt sich mir die Frage nach der Ursache der Ursache. Vielleicht finde ich so über die Physik zur Religion und erkenne hinter allen möglichen Ursachen die Eine Kraft als letzte Ursache.

So finde ich schließlich die *Ebene des Seins*. Habe ich alles Sein als Ausdruck dieser Einen Kraft erkannt und als letzte Ursache aller Ursachen, dann erkenne ich irgendwann einmal auch mich als einen Ausdruck dieser Einen Kraft. Ich kann betrachtend mit dieser Erkenntnis umgehen. Dann bin ich der stille Beobachter des Wirkens der Einen Kraft in mir und durch mich. Ich lasse geschehen, was geschieht, und bin im Einklang mit mir und dem Sein. Oder: aktiv eingreifend. Ich erkenne meine schöpferischen Möglichkeiten und bestimme aktiv das Geschehen. Ich gestalte mein Schicksal, greife in das Schicksal anderer mit ein, gestalte die Schöpfung mit. Ich setze die Eine Kraft ein, um das Sein zu gestalten. Bis ich mich irgendwann einmal frage: »Wer ist das eigentlich, der die Eine Kraft einsetzt?« Und ich erkenne: Es ist die Eine Kraft, das *Ich bin*! In diesem Augenblick erkenne ich auch, daß es »mich« gar nicht gibt. Die Illusion des Ichs ist geplatzt. Es war immer nur die Eine Kraft, die gehandelt hat: Ich bin der ICH BIN! Alles, was ist, ist ein Ausdruck des Einen – ist eins. Es gibt nur mich! Und damit ich nicht so alleine bin, habe ich das Spiel des Lebens erfunden und bin als Viele in Erscheinung getreten.

Wissen ist nur der »Trostpreis«
auf dem Weg zu dir selbst.

Wichtiger als Wissen ist KÖNNEN!
Also probiere ich gleich, ob ich
das, was ich weiß, auch KANN?

Wichtiger aber als Wissen und Können
ist SEIN. Wenn ich BIN, was ich
weiß und kann, brauche ich nicht
daran zu denken. Ich muß es mir
nicht zur Gewohnheit machen,
WEIL ICH ES BIN!!!

Heil sein

Jede Heilung ist eine geistige Heilung. Es gibt kein Medikament gegen Ärger, Zorn oder Neid. Hier hilft nur eine Wandlung im Bewußtsein. Heilung bedeutet also, das verkehrte Bewußtsein wieder auszurichten auf die Eine Kraft und die Einheit allen Seins. Heilung ist also immer ein »Wachsen im Bewußtsein«.

Dieses »verkehrte« Bewußtsein entsteht vor allem aus Unwissenheit oder durch Fehlinformation. Der erste Schritt, die Unwissenheit zu beenden, ist es, zu suchen.

Doch gilt es nicht nur, Wissen zu erwerben, sondern auch die geistige Blindheit zu heilen, die verhindert, daß Wissen zur Weisheit wird. Es geht also nicht nur um die Heilung unseres Körpers, sondern um unser Seelen-Heil. Heil bedeutet: »ganz und ungeteilt«. In Wahrheit sind wir In-dividuen, also ungetrennte Teile des Einen, des höchsten Bewußtseins. Seelenheil bedeutet daher, wieder im Bewußtsein dieser Einheit zu leben. Das heilt die Seele, indem es den Schmerz der scheinbaren Trennung beseitigt. Der Körper hat nur das Un-heil widergespiegelt.

Es geht jedoch nicht nur um das Heilsein meiner Seele, sondern ebenso um die Vereinigung meiner individuellen Seele mit der Weltenseele. Erst wenn auch diese Einheit wiederhergestellt ist, bin ich wirklich geheilt.

Um dieses Seelenheil zu erreichen, ist eine Beseitigung der »Innenwelt-Verschmutzung« erforderlich und ein Reinhalten der Innenwelt durch regelmäßige Psychohygiene, eine Gemütswäsche, in der negative Gedanken, belastende Gefühle, unbeherrschte Triebe und unbedachtes Reden und Tun bereinigt werden. So kann sich das Ebenbild Gottes im klaren Spiegel meiner Seele ungetrübt spiegeln.

Doch geht es nicht nur darum, Körper und Seele geistig zu heilen, sondern letztlich um die Heilung im Geist und damit um *Heiligung*. Denn indem ich wieder aus der Gottesunmittelbarkeit heraus handele, heilige ich alles Tun. Heilig sein bedeutet nicht mehr – aber auch nicht weniger –, als im Bewußtsein der Einheit mit dem höchsten Bewußtsein aus dieser Einheit heraus zu leben. Nach dem Gesetz der Gnade kann ich jeden Augenblick meines Lebens »nach Hause« zurückkehren.

Einweihung

Ein-Weihung, das heißt, sich ganz dem Einen weihen, ist der wesentlichste Schritt zur vollkommenen Transformation des Menschen. Mit diesem Schritt tritt ein neuer Mensch in ein neues Leben. Der alte Mensch ist gestorben. Das neue Bewußtsein schafft völlig neue Lebensumstände nach dem Gesetz: »Wie innen, so außen«. Jesus sagte: »Wer *sein* Leben verliert um meinetwillen (also für das Christus-Bewußtsein), wird *das* Leben gewinnen.«

In vielen Kulturen war die Einweihung begleitet von einem äußeren Prozeß des »Stirb und werde« und geschah unter vollem Einsatz des Lebens in einer Konfrontation mit den vier Elementen: In der Schule des Lebens erfolgt diese

Probe noch immer ganz lebendig, wenn auch nicht mehr lebensgefährlich.

Die »Erdprobe« besteht darin, zu beweisen, daß man gelernt hat, mit der Materie, speziell mit dem Geld, optimal umzugehen, die »Wasserprobe«, in der Flut seiner Gefühle den Kopf klar und das Herz offen zu halten.

Die »Luftprobe« prüft die Ordnung der Gedanken. Es geht um Gedankendisziplin, sein Bewußtsein auszurichten auf die Eine Kraft. Es zu erweitern und zu erheben, bis es frei von den Begrenzungen durch Raum und Zeit geworden ist. Die »Feuerprobe« fordert, die Willenskraft zu meistern und den individuellen Willen in den Zentralwillen einfließen zu lassen: »Vater, nicht mein, sondern Dein Wille geschehe!«

Die Konfrontation mit den vier Elementen ist keineswegs immer angenehm, und es erfordert viel Geduld, bis wir nicht nur die Situation bewältigen, sondern daran sogar Freude finden. Einweihung ist daher niemals ein äußerer Vorgang, der durch einen anderen erfolgen kann, sondern immer eine Begegnung mit dem göttlichen Bewußtsein in mir selbst – und damit ein Erwachen zu meinem Wahren Selbst.

Ich kann es zwar begünstigen, aber niemals herbeiführen. Niemand kann sich selbst gebären, sondern wir werden geboren. Und eine der letzten Hürden ist Demut: geduldig abzuwarten, bis die Zeit gekommen ist. Nicht dem geistigen Hochmut verfallen, selbst bestimmen zu wollen, wann es soweit ist.

Zu den Einweihungsproben gehört auch der optimale Umgang mit der Zeit. Zu erkennen, daß die Ewigkeit vor mir liegt. Jeden Schritt auf dem Weg zum Ziel zu genießen, aber jeden Augenblick zu erfüllen. Denn jeder Augenblick ist einmalig und kommt nie mehr wieder. So lebe ich im Bewußtsein der Ewigkeit im Hier und Jetzt und erlebe bewußt die Einmaligkeit eines jeden einzelnen Augenblicks. Zeit und Ewigkeit verschmelzen im Erleben des ewigen JETZT.

Der Eingeweihte ist wunschlos glücklich, verlangt nichts

und weist nichts zurück, was immer das Leben ihm bringen mag. Da er nichts mehr besitzt, kann er auch nichts verlieren. Er hat alles losgelassen, was geringer ist als Gott. Er ist als der »verlorene Sohn« nach Hause zurückgekehrt.

Der Weg ist in dir

Es ist ganz gleich, wo du bist und was du tust, es ist auch gleich, wer du zu sein glaubst – *Du suchst dich!* Was du auch tun magst, eines Tages wirst du den Weg finden. Du kannst dich entscheiden, ob es ein schwerer Weg sein wird oder ob du den Weg in der Leichtigkeit des Seins gehst – du hast die Wahl. Selbst wenn du glaubst, es gibt keinen Ausweg mehr, bist du nur einen Schritt vom Weg entfernt – *denn das Tor zum Weg geht nach innen auf!*

Sobald du dich auf den Weg gemacht hast, beginnt das eigentliche Leben. Du hast die Wahl, darauf noch viele Jahre zu warten oder sogar einige Inkarnationen. Aber du kannst dieses eigentliche Leben auch genau *Jetzt* beginnen, in diesem Augenblick. Die beste Zeit ist immer *Jetzt*.

Doch sobald du auf dem Weg bist, wird dir alles, was dir bisher so wichtig und erstrebenswert erschien, ganz unwichtig sein. Du wirst neue Fähigkeiten und unbekannte Kräfte entdecken. Das Leben wird dir Möglichkeiten bieten, von denen Du bisher nicht einmal zu träumen wagtest. All das ist dein geistiges Erbe. Es wartet seit ewigen Zeiten in dir darauf, daß du erwachst und dich selbst in Besitz nimmst. Du brauchst nur dein altes Ich loszulassen, damit dein Selbst hervorscheinen kann. *Jetzt*!

Du bist der Schöpfer deiner Lebensumstände! Du kannst bewußt wählen, welches Leben du leben willst!

Das Leben ist wie ein Film. Die meisten Menschen spielen mit, ohne zu bemerken, daß alles nur ein Film ist. Manche erkennen zwar den »Lebensfilm«, fühlen sich aber davon getrennt, obwohl sie darin handeln. Nur ganz wenige stehen hinter dem Projektor und spielen den Film ab.

Wirklich leben aber tut nur der, der hinter der Kamera steht und bewußt den Lebensfilm dreht, nach einem Drehbuch, das er selbst geschrieben hat. Er weiß auch, wem das Kino gehört und wer die Zuschauer in Wirklichkeit sind.

Der Kinobesitzer in diesem Beispiel ist Gott, die einzige Realität, und wir alle sind ein Teil dieser Realität. Ein Teil dieses Einen Bewußtseins, das wir Gott nennen. Alles andere ist Maya – Schein, ein Abbild dieser einen Wirklichkeit. Der Titel des Films heißt: Das Spiel des Lebens.

In diesem Film sind wir Drehbuchautor, Regisseur, Hauptdarsteller, Zuschauer, ja sogar Mitbesitzer des Kinos, in dem der Film läuft. Worauf es ankommt, ist, daß wir uns dessen bewußt sind! Alles findet uns zur Freude statt. Wenn mir der Film keinen Spaß macht, sollte ich das Drehbuch ändern, eine andere Rolle spielen, mir dieser Rolle bewußt sein – und das Spiel des Lebens genießen!!!

Ein schönes Beispiel dazu:

Dschau-Dschou fragte seinen Lehrer Nan-Tjuan: »Wie kann ich den wahren Weg finden, und wie kann ich ihn lernen?«

Der Meister antwortete: »Wenn du den Weg suchst, so wirst du ihn nicht finden.
Wenn du den Weg nicht suchst, so wirst du ihn auch nicht finden.
Wenn du ihn lernen möchtest, so wirst du ihn nie erlernen können.
Wenn du ihn aber nicht lernen möchtest, so wirst du ihn auch nie erlernen.

Sei offen und weit wie der Himmel, und du bist auf dem Weg. Denn der Wahre Weg ist der alltägliche Weg.«

Ich habe mir einmal den Weg bewußt gemacht und versucht, ihn mit den folgenden Worten zu beschreiben:

Koan – »Das torlose Tor durchschreiten« (Den Verstand überschreiten)

Da ist kein Tor, und doch kann ich hindurchgehen.
Ich kann hindurchgehen, und doch gehe ich nicht.
Ich gehe nicht, und doch komme ich vorwärts.
Ich komme vorwärts, und doch bleibe ich in meiner Mitte.
Ich bleibe in meiner Mitte, und doch bin ich in allem.
Ich bin in allem, und doch bin ich eins!!!

Schlußgedanken

Diese Geistigen Gesetze sind den meisten Menschen unbekannt, aber deswegen sind sie nicht weniger wirksam. Wirk-lich-keit heißt ja so, weil sie wirkt, ganz gleich, ob ich an sie glaube oder nicht. Die Schöpfung würde sich in einem ziemlichen Chaos befinden, wenn die Geistigen Gesetze erst wirksam werden könnten, wenn der Mensch sie erkannt hat.

Ein Gesetz ist zwar nicht meßbar, aber seine Auswirkungen sind meßbar. Wir haben eine Möglichkeit, auch Gesetze zu erforschen, die wir noch nicht kennen: durch das Gesetz der Analogie. Durch das zuverlässige Wirken dieses Gesetzes können wir auch Bereiche des Lebens erforschen, die sich bisher unserer Erkenntnis entzogen haben. Die Beobachtung der Realität zeigt uns dann später, ob wir das Gesetz umfassend erkannt haben.

Wir können diese Geistigen Gesetze nicht ändern, wir können uns höchstens dagegen auflehnen. Doch sobald wir eigenwillig werden, beginnt das Gesetz von Ursache und Wirkung wirksam zu werden und konfrontiert uns mit den Folgen unseres Tuns. Die Wirkung dieses Gesetzes nennen wir dann Schicksal.

Wir können aber auch mit den Geistigen Gesetzen kooperieren. Dann dienen sie uns willig, so wie alles, was uns widerfährt, uns immer nur dienen und helfen will – mag es uns als Wirkung noch so unangenehm sein. Lernen wir jedoch, mit den Geistigen Gesetzen in Einklang zu leben, befinden wir uns auch im Einklang mit der Schöpfung und mit dem Leben selbst. Wir lernen dann, im »Buch der Schöpfung« zu lesen, und erkennen immer klarer die Wirklichkeit hinter dem Schein.

Dein Lebensweg

niemand
kennt den Weg,
den du vor dir hast.
Noch nie ist jemand diesen Weg gegangen,
und niemals wird ein anderer diesen Weg gehen,
denn es ist dein Weg.

Er ist so einmalig,
wie du einmalig bist.
Ja, du bist einmalig,
und du hast einen wertvollen Beitrag
in deinem Leben zu leisten
auf Deine ganz besondere, einmalige Art.
Deine wahre Bestimmung.

So gehe deinen Weg,
gehe ihn auf deine einmalige Art,
aber versuche nicht,
möglichst schnell am Ziel zu sein.
Denn es gibt kein Ziel.
Der Weg ist das Ziel,
das Ziel ist nur das Ende des Weges
und der Anfang eines neuen Weges.

Also genieße deinen Weg
deinen einmaligen, wundervollen Lebensweg.
Laß dich jeden Tag vom Leben beschenken,
und wenn du bereit bist,
laß dich vom »inneren Meister« führen.
Damit du die einmalige Melodie deines Lebens
immer reiner in dir hörst.
Und singe!
Denn alles findet nur dir zur Freude statt.
Die ganze Schöpfung ist für dich da!

LESERSERVICE

Prof. Kurt Tepperwein persönlich erleben:

Wünschen Sie tiefer in das Thema dieses Buches einzusteigen und die Chance zu nutzen, Prof. Kurt Tepperwein einmal live zu erleben?

Wir bieten Ihnen die folgenden Seminare und Ausbildungen an:

Seminare

☐ Mentalkybernetik
☐ Heile Dich selbst
☐ Perlen der Weisheit
☐ Erfolgreiche Praxisführung
☐ Erfolg-reich-sein
☐ Optimales Selbstmanagement
☐ Atmen (Durchbruch zur Wirklichkeit)
☐ Der Tepperwein-Prozess
☐ Märchenhaft leben
☐ Ferienakademien

Ausbildungen:

☐ Dipl. Lebensberater
☐ Dipl. Bewusstseins-Trainer
☐ Dipl. Intuitions-Trainer
☐ Dipl. Seminarleiter

Heimstudienlehrgänge:

☐ Dipl. Lebensberater
☐ Dipl. Intuitions-Trainer
☐ Dipl. Erfolgs-Trainer
☐ Dipl. Mental-Trainer
☐ Dipl. Seminarleiter
☐ Dipl. Mental-Gesundheitsberater

Gesamtprogramme:

Gesamtseminar- und Ausbildungsprogramm der IAW
Neuheiten der Bücher, Audio- und Videoprogramme von Kurt Tepperwein

Sie erhalten Ihre gewünschten Informationen selbstverständlich kostenlos und unverbindlich bei:

Schweiz: Internationale Akademie der Wissenschaften (IAW)
St. Markusgasse 11, FL-9490 Vaduz
Tel. 075/2331212 Fax 075/2331214

Deutschland: Tel. + Fax 0911/699247 (Beratungssekretariat)